V&R Verlag Antike

Herausgegeben von Hartmut Leppin,
Stefan Rebenich und Andreas Rödder

Karl-Christ-Preis für Alte Geschichte BAND 4

Martin Jehne

Freud und Leid römischer Senatoren

Invektivarenen in Republik und Kaiserzeit

Vandenhoeck & Ruprecht

Bibliografische Information der Deutschen Nationalbibliothek:
Die Deutsche Nationalbibliothek verzeichnet diese Publikation in der Deutschen Nationalbibliografie; detaillierte bibliografische Daten sind im Internet über https://dnb.de/ abrufbar.

Umschlagabbildung: Barbara Klemm, Porträt Karl Christ

Satz und Layout: disegno visuelle kommunikation, Wuppertal
Druck und Bindung: Hubert & Co. BuchPartner, Göttingen
Printed in the EU

Vandenhoeck & Ruprecht Verlage | www.vandenhoeck-ruprecht-verlage.com

ISBN 978-3-946317-71-5

Vierte Verleihung des Karl-Christ-Preises für Alte Geschichte
am 27. April 2019 in Bern
an
Prof. Dr. Martin Jehne

Vorbemerkung

Der Karl-Christ-Preis ist dem Andenken an den Marburger Althistoriker Karl Christ gewidmet (6. April 1923 – 28. März 2008). Mit dem Preis werden herausragende wissenschaftliche Leistungen auf dem Gebiet der Alten Geschichte und ihrer Nachbardisziplinen sowie der Wissenschafts- und Rezeptionsgeschichte des Altertums gewürdigt. Der Preis ist mit 25.000 Euro dotiert und wird im zweijährigen Turnus verliehen.

Vorschlagsrecht haben Mitglieder und Angehörige von Universitäten und Akademien sowie Fachverbände und wissenschaftliche Vereinigungen. Eine Selbstnomination ist nicht möglich. Stimmberechtigte Mitglieder der für die Verleihung des Preises verantwortlichen Kommission sind Prof. Dr. Stefan Rebenich (Vorsitzender, Universität Bern), Prof. Dr. Hartmut Leppin (Universität Frankfurt) und Prof. Dr. Andreas Rödder (Universität Mainz). Der Preis wird im Wechsel zwischen Frankfurt a.M. und Bern verliehen. 2019 konnte der Karl-Christ-Preis im Bernischen Historischen Museum verliehen werden. Wir danken dem Direktor, Dr. Jakob Messerli, für seine großzügige Gastfreundschaft und die Möglichkeit, im Rahmen der Feier die Caesartapisserien aus dem 15. Jahrhundert betrachten zu können, die auf Grund aufwändiger Konservierungsmaßnahmen zu diesem Zeitpunkt nicht ausgestellt waren (siehe die Abbildung auf S. 72).

Karl Christ (1923-2008)

Karl Christ

Karl Christ war eine einzigartige Gestalt unter den deutschen Althistorikern seiner Zeit. Denn er verband quellengesättigte Spezialforschung mit synthetischer Kraft und der Bereitschaft, die Geschichte seines Faches auch in ihren Schattenseiten zu erforschen. Sein Weg in die Wissenschaft war schwierigen äußeren Bedingungen abgerungen. Unter beengten Verhältnissen in Ulm aufgewachsen, wurde der 1923 Geborene sofort nach dem Abitur in die Wehrmacht eingezogen. Sieben lange Jahre verbrachte er erst im Krieg und dann in russischer Gefangenschaft, mehr als einmal stand ihm der Tod vor Augen.

Nach Deutschland zurückgekehrt, widmete er sich in Tübingen dem Studium der Altertumswissenschaften. Seine Begeisterung für Lehrer wie Wolfgang Schadewaldt, Otto Weinreich, Walter Jens, Bernhard Schweitzer und Joseph Vogt bewahrte er sich bis ins hohe Alter. Geprägt durch diese Forscherpersönlichkeiten, verstand er sich stets als Altertumswissenschaftler. Finanziell waren es entbehrungsreiche Jahre: Seine legendär kleine Handschrift erklärte er damit, dass er als Student auf die Ränder von Zeitungen habe schreiben müssen. Das änderte sich, als Joseph Vogt ihn erfolgreich für die Studienstiftung des deutschen Volkes vorschlug – nachdem der Student ihm bei der Deutung Thornton Wilders energisch widersprochen hatte. Dank des Stipendiums konnte Christ auch in Zürich bei Ernst Meyer studieren.

1953 wurde er mit einer Arbeit über Drusus den Älteren promoviert. Schon hier setzte er sich mit dem Thema des römischen Germaniens auseinander, das ihn sein Forscherleben lang faszinieren sollte. Sein Interesse an der Numismatik konnte er weiterpflegen, als er als Stipendiat nach München kam, um an dem großen Projekt zur Erschließung der römischen Fundmünzen in Deutschland zu arbeiten. Zahlreiche numismatische und geldgeschichtliche Studien, zu griechischen wie zu römischen, aber auch zu keltischen Münzen entstanden hier – und schon in diesen Arbeiten erkennt man oft das Interesse an der Wissenschaftsgeschichte, in die er die Spezialstudien einbettete. Die 1959 eingereichte Habilitationsschrift galt antiken Münzfunden Südwestdeutschlands und stellte eine erste historische Synthese der Ergebnisse der Untersuchung von Fundmünzen dar.

Eine Dozentur in Marburg bei Fritz Taeger, dem er stets Verehrung entgegenbrachte, ermöglichte es ihm, die akademische Laufbahn fortzusetzen. Während der Vakanz, die durch den plötzlichen Tod Taegers 1960 eingetreten war, hielt er den Seminarbetrieb aufrecht, dann trat er aber ins Glied zurück; ihm wurde als Dozenten sogar zugemutet, die Bücherausleihe der Seminarbibliothek zu übernehmen. Die quälende Ungewissheit über den weiteren beruflichen Weg fand ein Ende, als er 1965 einen Ruf auf einen Lehrstuhl an der Universität Marburg erhielt; Angebote aus Aachen und Zürich schlug er später aus.

In der Zeit der Studentenrevolte gehörte Karl Christ zu den wenigen Professoren, die den Gesprächsfaden mit den Studierenden weiterführten. Er scheute sich nicht, auch marxistische Positionen im Seminar zu behandeln – was ihm das Misstrauen, ja die Feindschaft vieler Kollegen eintrug. Trotz aller hochschulpolitischer Kämpfe, unter denen er sehr litt, verstand Christ es, in diesen Jahren neue Schwerpunkte zu entwickeln. Er begann, sich intensiv mit der Wissenschaftsgeschichte zu beschäftigen. Bezeichnend für ihn ist, dass die erste Monographie zu dem Thema – *Von Gibbon zu Rostovtzeff* von 1972 – biographisch orientiert war. Ihm war es darum zu tun, die Gelehrten in ihrem Kontext zu würdigen und ihre Leistung sichtbar werden zu lassen. Zahlreiche weitere Arbeiten entstanden, Einzelstudien, aber auch größere Synthesen, namentlich *Römische Geschichte und deutsche Geschichtswissenschaft* (1982), *Neue Profile der Alten Geschichte* (1990), *Hellas. Griechische Geschichte und deutsche Geschichtswissenschaft* (1999) und *Klios Wandlungen. Die deutsche Althistorie vom Neuhumanismus bis zur Gegenwart* (2006). Noch kurz vor seinem Tod im Jahr 2008 erschien seine Biographie Alexander Graf von Stauffenbergs.

Konsequent wie er war, standen bei ihm stets Personen, die einzelnen Gelehrten im Zentrum. Institutionen widmete er kaum Aufmerksamkeit, von Diskursen mochte er nicht sprechen. Indem er aber die Standortgebundenheit aller Forschenden hervorhob, schuf er ein neues Fundament für die Selbstreflexion des Faches. Zugleich stellte er unentbehrliche Arbeitsgrundlagen bereit: Er und seine Mitarbeiter – viele Studierende und Promovierende ließen sich für das neue Forschungsgebiet gewinnen – trugen enorm viel verstreutes Material zusammen, um den einzelnen Gelehrten gerecht zu werden. Besonders mutig war, dass Christ auch die Geschichte des Faches im Nationalsozialismus und in der DDR bearbeitete. Es ließ sich hierbei nicht vermeiden, auch von persönlichem Versagen zu sprechen, wenngleich Christ das schwerfiel. Er sah sich nicht als Richter, sondern als Bewahrer des Andenkens. Besonders schwierig zu beurteilen waren für ihn jene Gelehrte, denen er sich persönlich verpflichtet fühlte.

Seine wissenschaftsgeschichtlichen Studien brachten Christ zunächst außerhalb seiner Disziplin und im Ausland mehr Anerkennung ein als im eigenen Land, wo er sich erst später als Trendsetter entpuppte – um ein Wort zu gebrauchen, das so gar nicht zu ihm paßte. Besonders wichtig war ihm die Anerkennung durch Arnaldo Momigliano, dem aus Italien vertriebenen jüdischen Gelehrten, der eine große Tradition der Wissenschaftsgeschichte begründet hatte. Dass Momigliano, der viele Angehörige in deutschen Konzentrationslagern verloren hatte, 1986 die Marburger Ehrendoktorwürde annahm, bedeutete Karl Christ viel.

Neben der Numismatik und der Wissenschaftsgeschichte bildeten die großen althistorischen Überblicksdarstellungen seinen dritten Schwerpunkt. Beginnend mit der Darstellung des Römischen Weltreiches von 1973, schuf er immer mehr Werke, die auch ein breiteres Publikum anzogen. Dabei beeindruckten insbesondere die Klarheit der Darstellung und die Reinheit des Stils. So gelang es ihm, zentrale Themen wie den Untergang der Römischen Republik, die Person Caesars oder die Geschichte der Römischen Kaiserzeit anspruchsvoll zugänglich zu machen. Christ wurde durch seine Bücher zu einem der angesehensten Repräsentanten der Alten Geschichte in Deutschland.

Karl Christ war ein äußerst beliebter, bisweilen nachgerade verehrter akademischer Lehrer. Lebhafte Diskussionen prägten seine Seminare. Trotz der großen Menge an Teilnehmern wandte er sich jedem Einzelnen zu, las Seminararbeiten ebenso pünktlich wie sorgsam durch und besprach jede Arbeit mit großem Wohlwollen; schwache Studierende verachtete er nicht, sondern suchte sie zu fördern. Seine Vorlesungen Montags 10-12 waren ein Ereignis; nicht nur Geschichtsstudenten zählten zu den Hörern. Zahlreiche Examensarbeiten, Dissertationen und mehrere Habilitationen entstanden unter seiner Ägide. Um seine Schüler kümmerte er sich mit größter Anteilnahme, bemühte sich um Stipendien, um Kontakte und stand stets für Ratschläge zur Verfügung.

Er war dagegen kein Mann der akademischen Selbstverwaltung; dem stand schon sein aufbrausendes Temperament entgegen. Er war auch kein Freund großer Kongresse. Auf Drängen italienischer Kollegen führte er eine Serie deutsch-italienischer Tagungen durch. Sie waren glänzend vorbereitet, und ihnen sind bedeutende Sammelbände zu verdanken, doch Christ fühlte sich am wohlsten an seinem Schreibtisch in der Nähe seiner Familie, wenngleich oft hinter der verschlossenen Tür seines Arbeitszimmers. Er freute sich, als eine Schülerin das Bild gebrauchte, er sei an seinen Schreibtisch festgekettet wie Prometheus an seinen Fels. In dieser vertrauten Atmosphäre schrieb er mit strenger Disziplin seine Bücher, Aufsätze, Rezensionen – und seine Briefe. Auch wenn Christ sich selten außerhalb Marburgs zeigte, stand er mit vielen Kollegen in Kontakt. Seine Briefe waren eindringlich geschrieben und wohlkomponiert. Stets wusste er die richtigen Worte des Dankes, der Ermunterung oder auch der Mahnung zu finden.

Im Fach galt Karl Christ lange als Außenseiter. Mit seinen wissenschaftsgeschichtlichen Arbeiten und seinen Synthesen war er seiner Zeit voraus und sah sich teils bösartigen Angriffen ausgesetzt. Doch die nachfolgende Generation von Altertumswissenschaftlern, aber auch die Öffentlichkeit brachten ihm immer größere Anerkennung entgegen, die in der Berliner Ehrenpromotion von 1993 gipfelte.

Karl Christ war es immer ein großes Anliegen, Vielfalt in den Altertumswissenschaften zu fördern und das Lebenswerk von Gelehrten sichtbar werden zu lassen. Genau dies ist auch die Idee, die hinter der Stiftung des Karl-Christ-Preises steht, mit dem „herausragende wissenschaftliche Leistungen auf dem Gebiet der Alten Geschichte und ihrer Nachbardisziplinen sowie der Wissenschafts- und Rezeptionsgeschichte des Altertums ausgezeichnet“ werden. Dem Stifter, der ungenannt bleiben will, ist es so gelungen, eine würdige und angemessene Art zu finden, das Andenken an den großen Gelehrten zu bewahren.

Hartmut Leppin
Stefan Rebenich

Laudatio auf den Preisträger Prof. Dr. Martin Jehne

Hartmut Leppin*

Welche Pläne verfolgte Julius Caesar, bevor er ermordet wurde? Wusste er überhaupt, was er wollte, als er in den vierziger Jahren in Rom saß und dem Einerlei der städtischen Politik ausgesetzt war? In den Jahren zuvor hatte er, stets unterwegs und stets unter Hochdruck, Gallien erobert, dann Rom in einen Bürgerkrieg gestürzt. Jetzt erlebte er den Alltag des Regierens und sollte sich mit der Ehrpusseligkeit von Senatoren befassen, die darauf Wert legten, dass man aufstand, wenn sie mit einem redeten. Statt zu kommandieren, musste er sich langatmiges Gerede anhören; Cicero, der ihn wenige Jahre zuvor heftig kritisiert hatte, hielt es jetzt sogar für opportun, Lobreden auf ihn zu halten, recht ausführlich, recht kunstvoll, aber nicht ohne Peinlichkeit und Langatmigkeit.

Das ist ein Grundsatzproblem bei Lobreden wie auch Laudationes. Sind solche Texte nicht eigentlich sowieso ein langweiliges Genre? Man weiß ja, worauf der Redner hinauswill; das Ergebnis steht schon vor Beginn fest. Auf die schnöde Gegenwart bezogen: Was soll ich hier angesichts der Erfordernisse von Gattung und Situation in Hinblick auf Martin Jehne anderes tun, als ihn zu loben? Aber die antike Rhetorik weiß, dass die Qualität einer Rede nicht nur von der Gattung, sondern auch von der Materie abhängt. Und zum Glück gibt es genug an Martin Jehne zu loben. Immerhin sind aus mehreren Ländern Vorschläge eingegangen, ihm den Karl-Christ-Preis zuzuerkennen. Diese lieferten schon vielfältiges Material, doch als Althistoriker komme ich gar nicht umhin, zu den Quellen zurückzukehren und mich mit den Publikationen des Verfassers neu zu befassen, obwohl man sie in meinem Fach sowieso kennt, weil sie allenthalben für Anregungen sorgen und oft herangezogen werden.

Wie so oft, wenn man sich den vertrauten Quellen zuwendet, sieht man, dass sich die neuerliche Lektüre lohnt, zum Beispiel der Forschungen Martin Jehnes zu Caesar, den wir verlassen haben, als er sich bei den Lobreden Ciceros langweilte, vermutlich. Denn eigentlich können wir ja gar nicht wissen, was

---

* Für ihre redaktionelle Bearbeitung danken die Herausgeber Anne Schäfer und Sebastian Weinert (beide Frankfurt am Main).

Caesar wollte. Doch hören wir, dass er vor seiner Ermordung Pläne hegte, in den Krieg gegen die Parther zu ziehen. Durchaus gut begründet war daher die These, dass Caesar vor den Herausforderungen zu Hause habe fliehen wollen, um an den alten Feinden römische Niederlagen zu rächen und einem Alexander gleichzukommen. Letztlich habe er sich eben zu Hause nicht durchsetzen können und sei ohnmächtig gewesen – da sei der Krieg als die einzige Alternative erschienen. In diesem Sinne argumentierte etwa höchst sprachgewaltig Christian Meier, damals wie heute ein Althistoriker von größtem Gewicht und Ansehen weit über die Zunft hinaus.

Doch – der Kölner, dann Passauer Doktorand Martin Jehne war nicht überzeugt. 1955 geboren, studierte er Geschichte und Germanistik auf das Lehramt, wandte sich aber, von Gustav Adolf Lehmann beeindruckt, der Alten Geschichte zu, um in dem Fach eine Dissertation zu schreiben. Er verfasste ein Buch mit dem knappen und prägnanten Titel: *Der Staat des Dictators Caesar* – nicht mehr und auch nicht weniger.[1] Denn die These steckt frecherweise bereits im Titel: Der Politiker Caesar lebte nicht in den Tag hinein, sondern betrieb konsequent den Aufbau eines Staatswesens.

Da Jehne sich nicht auf programmatische Äußerungen stützen kann, nimmt er das, was Caesar tat, und setzt sich als Ziel die *Rekonstruktion seines Staates zum Zeitpunkt seines Todes*.[2] Er erörtert Caesars institutionelle Rolle als Diktator, Consul, Inhaber von Sondervollmachten und Priester, seine soziopolitische Stellung, die sich in einer Vielzahl von immer neu zelebrierten Ehrungen und seiner herausgehobenen Position im Bindungswesen niederschlug, betrachtet den Umgang mit den weiter vorhandenen Institutionen der Republik und stellt zum Abschluss Überlegungen zu den Partherkriegsplänen an. Caesar *hatte seine Alleinherrschaft durchaus rational und umsichtig in den Institutionen verankert*,[3] so das Ergebnis. Was lediglich noch gefehlt habe, sei die Erblichkeit der Monarchie gewesen. Es war demnach letztlich ein kontingenter Umstand, das erfolgreiche Attentat, der dazu führte, dass Caesar kein Augustus wurde. Dieser hatte sich ja in der Zeit der Etablierung seiner Alleinherrschaft auch für längere Zeit außerhalb Roms aufgehalten und zudem mehrere Attentate, die ihm galten, erlebt, aber eben auch überlebt.

---

1 Der Staat des Dictators Caesar (= Passauer historische Forschungen, Bd. 3), Köln/Wien 1987.
2 Ebd., 13.
3 Ebd., 448.

1987 erschien die Arbeit als Buch und fand auch bei denjenigen eine lobende Aufnahme, die seine Hauptthese nicht teilen wollten.[4] Karl Christ würdigte die hervorragende Dissertation in seiner großen Untersuchung zum Caesarbild in der Historiographie sogar als die konstruktivste Kritik an Meiers Konzeption.[5]

Nach allem, was ich weiß, hat aber auch der Angegriffene selbst generös reagiert, und es entstand ein lebhafter Austausch zwischen Christian Meier und Martin Jehne. Eine solche Konfrontation ist ein Höhepunkt einer Wissenschaft, die offene Kritik nicht scheut, aber nie vergisst, dass zu einer gelungenen Kritik auch die Haltung des Respektes für den anderen gehört; gerade Wissenschaftler sollten sich der demütigen Erkenntnis nicht verweigern, dass man sich selbst irren könne. Und Martin Jehnes Stärke war, dass er sich bei aller Kritik stets Humor bewahrt hat, was möglicherweise der rheinländischen Prägung zuzuschreiben ist. Er besitzt auch eine gewisse ironische Distanz zu seinem Fach, die er vielleicht mit seinem Vater gemein hat, der als Professor für Mathematik sich nicht scheute, ein Buch zur Mathematik des Sudoku mitzuverfassen.[6]

Hartmut Leppin (Laudatio)

---

4 So etwa Helga Botermann, Rezension zu Martin Jehne, Der Staat des Dictators Caesar, in: Gnomon 60 (1988), 613–619.

5 Karl Christ, Caesar. Annäherungen an einen Diktator, München 1994, 313.

6 Wolfram Jehne, Herbert Wingen: Eine mathematische Theorie der Sudokus, Berlin/New York 2013.

Im *Dialogus de oratoribus* des Tacitus rühmt Maternus die Redner der republikanischen Zeit, die es schon in jungen Jahren mit angesehenen Politikern aufnahmen, so der achtzehnjährige Lucius Crassus mit Papirius Carbo oder der zwanzigjährige Caesar mit Cornelius Dolabella. Und das taten sie mit Reden, *quas hodieque cum admiratione legimus*, die wir auch heute noch mit Bewunderung lesen.[7] Das Gleiche kann man für Martin Jehnes Erstlingswerk sagen. Allerdings war das Thema Caesar keineswegs ein taktisch raffiniert ausgewählter Gegenstand, sondern sollte Jehne immer wieder umtreiben. Dazu komme ich noch. Verfolgen wir aber weiter die akademische Karriere.

In Passau, wo Martin Jehne Mitarbeiter von Hartmut Wolff war, verfasste er seine Habilitationsschrift mit dem Titel *Koine Eirene. Untersuchungen zu den Befriedungs- und Stabilisierungsbemühungen in der griechischen Poliswelt des 4. Jahrhunderts v. Chr.*, die 1990 in Passau angenommen und 1994 publiziert wurde.[8] In diesem Buch zeigt sich eine Vorliebe Martin Jehnes: Er denkt gerne in Paradoxien. *Koine Eirene*, der Obertitel des Buches, heißt allgemeiner Frieden. Das ist ein natürlich unbedingt schätzenswertes Anliegen, das im 4. Jahrhundert zu einer wichtigen Parole in der Außenpolitik der zerstrittenen griechischen Poleis wurde. Sie hatten den verheerenden Peloponnesischen Krieg hinter sich und eine Reihe weiterer Kämpfe, dazwischen nur kurze Phasen des Friedens erlebt. Immer wieder kam es andererseits zu Friedensschlüssen, für die man oft einen bemerkenswerten Aufwand trieb. Doch keiner hielt lange. Martin Jehne analysiert die einzelnen Abkommen und den Weg dahin, wobei er sowohl die Zeit vor als auch die unter der makedonischen Hegemonie behandelt und beim Korinthischen Bund endet, zu dem Philipp II. die griechischen Poleis zusammenführte – schon in der Aufarbeitung dieses Materials liegt ein Wert seiner Arbeit.

Doch er geht darüber hinaus: Jehne macht gegenüber Ansätzen, die einfach das Fehlen einer entschlossenen Politik bemängelten, das Paradox geltend, dass gerade die ehrgeizigen Forderungen der Friedensschlüsse, die in einem Atemzug Frieden und Autonomie aller Poleis verlangten, die praktische Politik überforderten. Denn beides konnte konfligieren, besonders deutlich im sogenannten Königsfrieden von 387. Ihn garantierte der persische König, der den griechischen

---

7 Tac. Dial. 34,7.

8 Koine Eirene. Untersuchungen zu den Befriedungs- und Stabilisierungsbemühungen in der griechischen Poliswelt des 4. Jahrhunderts v. Chr. (= Hermes Einzelschriften, Bd. 63), Stuttgart 1994.

Städten des Mutterlandes Autonomie und Frieden verhieß, und zugleich drohte, sie mit Krieg zu überziehen, wenn sie sich nicht daran hielten.[9] Der wohlklingende gemeinsame Friede räumte der friedensgarantierenden Macht dann doch eine Sonderstellung ein, die den Frieden gefährdete und zu einer *Dynamisierung der zwischenstaatlichen Ordnung* führte, wie es fast schon euphemistisch im Titel des Schlusskapitels[10] heißt; die *koine eirene spielte [...] im 4. Jahrhundert aufs Ganze gesehen eine unheilvolle Rolle,*[11] erklärt Jehne.

Ob der Gedankengang dieses Buches etwas damit zu tun hat, dass es in einer Zeit entstand, als der Warschauer Pakt sich auflöste, vermag ich nicht zu beurteilen. Aber Martin Jehne selbst hat in einem Grundsatzbeitrag betont, wie stark zeitgenössische Erfahrungen die Sicht der historischen Forschung prägen[12] – schon daher liegt es nahe, diese Frage zu stellen.

Was seine berufliche Entwicklung angeht, hat Martin Jehne jedenfalls von dem Umbruch 1989/90 profitiert: Er erhielt einen Ruf auf den Lehrstuhl der Universität Dresden, wo er nach einer Vertretung in Münster zum Wintersemester 1992/3 die Professur antrat. Er zog auch nach Dresden und lebte fortan *in solo barbarico,* wie Karl Christ für das Gebiet jenseits des Limes, auch für sein Marburg, zu sagen pflegte. Martin Jehne blieb in der Elbestadt, seine beiden Kinder sind dort aufgewachsen. Diese Jahre verlangten eine enorme Aufbauleistung: Eine Bibliothek war einzurichten, Studiengänge zu entwickeln, Institutsstrukturen zu etablieren, das Ganze angesichts einer Infrastruktur, die ihrerseits noch einer Erneuerung bedurfte, und wachsender Studentenzahlen. Was das an Zeit, Nerven und Energie kostete, kann man nur erahnen. Wenn Dresden heute zu den führenden Universitäten Deutschlands gehört und, obwohl eine Technische Universität, ein ausgeprägtes geisteswissenschaftliches Profil besitzt, dann ist das Gelehrten wie Martin Jehne zu verdanken, der sich für die Universität leidenschaftlich engagierte und natürlich auch das Amt des Dekans bekleidete. Das Konsenssystem und die Integrationsrituale der Römi-

9 Xen. Hell. 5,1,31.

10 Koine Eirene. Untersuchungen zu den Befriedungs- und Stabilisierungsbemühungen in der griechischen Poliswelt des 4. Jahrhunderts v. Chr. (= Hermes Einzelschriften, Bd. 63), Stuttgart 1994, 269–284.

11 Ebd., 283.

12 Martin Jehne, Methods, Models, and Historiography, in: Nathan Rosenstein, Robert Morstein-Marx (Hgg.), A Companion to the Roman Republic (Blackwell Companions to the Ancient World), Oxford 2006, 3–28.

schen Republik sollten in jenen Jahren zu wichtigen Gegenständen seines Denkens werden – im Alltag seiner Universität konnte er ihre Bedeutung gewiss oft genug auf die Probe stellen.

Wesentlich war seine Rolle bei den weit ausstrahlenden Dresdener Drittmittelprojekten. So wirkte er beim Europäischen Graduiertenkolleg 625 „Institutionelle Ordnungen, Schrift und Symbole“ mit, das Dresden gemeinsam mit der Pariser *Ecole pratique des Hautes Etudes (E.P.H.E.)* betrieben hat.[13] Ferner war er an verschiedenen Sonderforschungsbereichen in wichtigen Funktionen beteiligt, so an dem SFB *Institutionalität und Geschichtlichkeit,* der eine immense Ausstrahlung entwickelte, und an dem Verbund *Transzendenz und Gemeinsinn,* den ein unverdientes Schicksal ereilt hat.[14] Und jetzt wirkt er beim neuen Sonderforschungsbereich 1285„Invektivität. Konstellationen und Dynamiken der Herabsetzung“ mit. Diese Zusammenarbeit zeugt davon, dass Martin Jehne es versteht, seine Disziplin ins Gespräch mit anderen zu bringen. So macht er die Bedeutung des Faches auch für Nicht-Spezialisten erkennbar.

Zu den Unzuträglichkeiten der Bildung eines SFBs gehört die Begehung, also die Prüfung der Antragsgruppe durch auswärtige Evaluatoren, meistens eine unangenehme Angelegenheit, da Kollegen plötzlich einander als Prüfling und Prüfer gegenüberstehen. Dass Martin Jehne auch solche Gelegenheiten mit dem ihm eigenen Schalk zu prägen vermochte, konnte ich selbst miterleben, als ich an einer Begehung als Gutachter beteiligt war. Die Dresdener Antragsgruppe hatte sich vorzustellen, was meist ein verkrampftes Unternehmen ist. Der Raum war hässlich und eng, die Luft stickig, die Gutachtergruppe schlecht drauf, denn sie hatte in einem lauten Hotel genächtigt. Als Martin Jehne mit seinem Redebeitrag vor enervierten Gesichtern an der Reihe war, begann er gewohnt scharfsinnig – und warf noch bei der Einleitung sein Wasserglas um; Gelächter war die Folge, und die Stimmung hellte sich auf. Du hast bestritten, Martin, dass das Absicht gewesen sei, doch das glaube ich Dir nicht. Jedenfalls hat es funktioniert, und der Antrag wurde bewilligt.

Das Ansehen, das Martin Jehne sich erworben hatte, zeigt sich auch darin, dass er eine Reihe anspruchsvoller Funktionen auf nationaler Ebene übernahm: als Fachgutachter der DFG, als Mitglied der Wissenschaftlichen Kommission

---

13 Siehe hierzu https://egk.file3.wcms.tu-dresden.de.

14 Siehe hierzu http://gepris.dfg.de/gepris/projekt/5481378.

bei der Union der Akademien, des Kuratoriums des Historischen Kollegs sowie der Henkelstiftung, des Auswahlausschusses der Humboldtstiftung und er wurde auch in die Kommission für Alte Geschichte und Epigraphik in München gewählt, um nur einiges zu nennen. Dass er dann auch als Zeitschriftenherausgeber fungierte, versteht sich. So hat er *Klio* und *Klio-Beihefte* neu belebt und übernahm Verantwortung bei der *Historia*.

Doch Martin Jehne hat sich nicht nur für die wissenschaftliche Welt ehrenamtlich betätigt, sondern sich auch in der Zivilgesellschaft engagiert, etwa bei der großen Elbeflut 2006, nunmehr auch als Mitglied des Stadtbezirksbeirats in Dresden-Loschwitz. Darin folgt er seiner Frau Christiane Filius-Jehne, die seit 2004 Stadträtin in Dresden ist und nicht allein das Kulturleben der Stadt mitgestaltet. Dieses Engagement Martin Jehnes hat aber durchaus auch eine Verbindung zu seiner Profession: Denn er sieht in den historischen Entwicklungen Roms Beispiele, nachgerade *exempla*. Nachdem er den Weg zur totalen Zerstörung des ohnehin geschwächten Karthago durch Rom 146 v. Chr. geschildert hat, sagt er: *Wenn man nach einem mahnenden Beispiel dafür sucht, was das hysterische Sicherheitsbedürfnis einer Weltmacht anrichten kann: Hier ist es zu finden.*[15] Das ist heute vielleicht noch aktueller denn 2006, als er den Satz veröffentlichte.

Diese mannigfachen Aktivitäten führten somit nicht dazu, dass Martin Jehne zu schreiben aufhörte; an zahlreichen nationalen wie internationalen Sammelbänden wirkte und wirkt er etwa mit. Seine größte Leidenschaft gilt dabei der Römischen Republik. Er gehörte zu jenen, die ein neues Bild dieser Welt prägten, das nicht mehr von klaren Hierarchien bestimmt ist, sondern von vielfältigen wechselseitigen Abhängigkeiten und komplexen Kommunikationsformen innerhalb und außerhalb der politischen Gremien. Besonders wirkungsvoll war seine Mitarbeit bei dem Sammelband *Demokratie in Rom? Die Rolle des Volkes in der Politik der römischen Republik*, der 1995 erschien[16] und mit konzeptionell klaren Beiträgen verdeutlicht, dass demokratieähnliche Prozeduren noch keine Demokratie ausmachen.

---

15 Martin Jehne, Die römische Republik. Von der Gründung bis Caesar, München 2006 (= Beck Wissen in der Beck'schen Reihe, Bd. 2362), 65.

16 Demokratie in Rom? Die Rolle des Volkes in der Politik der römischen Republik (= Historia Einzelschriften, Bd. 96), Stuttgart 1995.

An anderer Stelle arbeitet er das Paradox des Provokationsrechts heraus, also des Rechts des römischen Bürgers, sich gegen die Übergriffe eines Magistrats zur Wehr zu setzen, indem er sich mit den Worten *provoco ad populum* an das römische Volk wandte. Fortwährend feierte man in der Römischen Republik dieses Recht als Inbegriff der Freiheit, faktisch wurde es aber kaum einmal in Anspruch genommen. *Die Provokation [verschwand] fast vollständig und wurde dennoch häufiger evoziert*[17], wie Jehne es formuliert. Seine Erklärung liegt darin, dass so die Freiheit zelebriert und zugleich betont werden konnte, dass es einer Erweiterung derselben nicht mehr bedurfte. Man lobte eine tendenziell anarchische Verhaltensweise, ließ sie aber gleichzeitig verschwinden und vermochte so die Stabilität der römischen Ordnung zu festigen.[18]

Wichtig waren auch seine Beobachtungen zum Gebaren der Angehörigen der römischen Elite, das er als Jovialität charakterisiert, mithin als eine *Form des Umgangs zwischen sozial Ungleichen [...], bei der der Mächtigere darauf verzichtet, seine Dominanz auszuspielen.*[19] Dadurch erhielten die gewöhnlichen römischen Bürger Anerkennung, ohne dass sie faktisch an Macht gewannen. In der raffinierten Analyse solcher Interaktionen liegt eine besondere Stärke der Aufsätze Martin Jehnes.

Er schrieb zudem sehr erfolgreiche, in mehreren Auflagen erschienene Bücher für ein breiteres Publikum, seien es Studierende, die sich auf Prüfungen vorbereiten, seien es Neugierige, die zentrale Themen kennenlernen wollen, so zwei Beck-Wissen Bände zur Römischen Republik und – besonders weit verbreitet – zu Caesar.[20]

---

17 Martin Jehne, Die Geltung der Provocation und die Konstruktion der Römischen Republik als Freiheitsgemeinschaft, in: Gert Melville, Hans Vorländer (Hgg.), Geltungsgeschichten. Über die Stabilisierung und Legitimierung institutioneller Ordnungen, Köln/Weimar/Wien 2002, 55–74, hier 71.

18 Ebd., 72.

19 Jovialität und Freiheit. Zur Institutionalität der Beziehungen zwischen Ober- und Unterschichten in der römischen Republik, in: Bernhard Linke, Michael Stemmler (Hgg.), Mos maiorum. Untersuchungen zu den Formen der Identitätsstiftung und Stabilisierung in der römischen Republik (= Historia Einzelschriften, Bd. 141), Stuttgart 2000, 207-235, hier: 214.

20 Caesar (= Beck Wissen in der Beck'schen Reihe, Bd. 2044), München 1997, 2. Aufl. 2001, 3. Aufl. 2004, 4. Aufl. 2008, 5. aktualisierte Aufl. 2014 (italienische Übersetzung: Bologna 1999; spanische Übersetzung: Madrid 2001; chinesische Übersetzung: Hunan 2002; gekürzte Fassung als Hörbuch: Berg am Starnberger See 2007); Die römische Republik. Von der Gründung bis Caesar (= Beck Wissen in der Beck'schen Reihe, Bd. 2362), München 2006, 2. Aufl. 2008, 3. Aufl. 2013 (italienische Übersetzung: Bologna 2008).

Denn die Frage danach, welche Pläne Caesar verfolgte, ließ ihn nicht los. Im Caesar-Büchlein findet sich auch ein Kapitel mit dem programmatischen Titel *Die Monarchie – Caesars Staat*, wobei der Staatsbegriff gegenüber der Dissertation vielleicht fluider geworden ist und Jehne die Herrschaft stärker unter personalen Gesichtspunkten sieht. Er lernt dazu und bleibt sich treu. Der Band hat fünf Auflagen erlebt, wurde ins Italienische, Spanische, ja selbst ins Chinesische übersetzt und ist sogar als Hörbuch erhältlich.

Er belegt zudem, dass Caesar für Jehne nicht nur unter empirisch-rekonstruktiven Gesichtspunkten interessant ist, sondern auch einen Ausgangspunkt für geschichtstheoretische Reflexionen bildet, für die Frage danach, welche Bedeutung die Einzelpersönlichkeit hatte, welche die Strukturen, inwieweit der Übergang von der Republik zur Monarchie zwangsläufig erfolgte.

Diese Überlegungen führten zu Martin Jehnes ungewöhnlichstem Buch, das durchaus einen zeitdiagnostischen Anspruch hat. Es trägt den Titel: *Der große Trend, der kleine Sachzwang und das handelnde Individuum. Caesars Entscheidungen* und erschien 2009.[21] Jehne verfolgt Caesars Lebensweg, doch hier mit einem Willen zur Zuspitzung und Fokussierung auf Schlüsselszenen: Entscheidungssituationen eben. Pointiert sind die Überschriften: *Der nassforsche Nachwuchspolitiker* lautet ein Kapitel, das von Caesars Bewerbung um den Oberpontifikat handelt, ein anderes heißt *Der übermütige Dictator* und erörtert die Entlassung der Leibwache 44 v. Chr. Immer wieder erscheint Caesar als ein Politiker, der sich Sachzwängen widersetzt und zugleich den großen Trend, der auf eine Monarchie zuzuführen scheint, stützt und beschleunigt.

Das Resümee stellt die einigermaßen überraschende Frage: *War Caesar das Maultier?* Die Frage ist schwieriger zu beantworten, als es scheint. Denn das Maultier ist nicht irgendeines, sondern *ein Mutant, der mit seinen Gedanken in die Gehirne der Menschen eindringen und ihre Gefühlswelt bis zum völligen Gehorsam manipulieren kann.*[22] Dieses Maultier entstammt keiner antiken Quelle, sondern dem Oeuvre Isaac Asimovs, des Science Fiction-Autors, der in der Foundation-Trilogie den Untergang des Galaktischen Reiches schildert. Dieses war auf der Grundlage der Psychohistorik gegründet worden, die das Verhalten von Menschenmassen präzise voraussagen konnte und durch das Wirken der vom Maul-

21 Martin Jehne, Der große Trend, der kleine Sachzwang und das handelnde Individuum. Caesars Entscheidungen, München 2009.

22 Ebd., 139.

tier manipulierten Akteure empfindlich gestört wurde. Zeitweise erlangte es die Herrschaft über das Imperium.

Hier macht Jehne etwas explizit, was in seinem Oeuvre aufgrund kleiner Andeutungen vermutet werden kann; sein Interesse an fiktionaler Literatur, das Science Fiction einschließt, durchaus zum Befremden mancher Mitarbeiter und Kollegen. Literatur dient Jehne nicht allein dazu, bestimmte Konstellationen durch Anspielungen plastischer zu beschreiben, sondern hilft ihm auch dabei, in Alternativen zu denken und kontrafaktische Überlegungen anzustellen. Caesar ist insofern das Maultier, als er für die anderen unberechenbar ist, doch geht er in der Wirkung weiter, sofern er den Trend zur Monarchie zum dominanten gemacht haben mag – ob das der Fall war, lässt Jehne offen.

Caesar dient Jehne so als ein Beispiel dafür, dass trotz umsichtiger Planung letztlich Ungeplantes und Unplanbares alles ändern kann. Das veranlasst ihn zu einem charakteristisch-doppelbödigen Fazit, das weit über die Althistorie hinausgreift:

Die exakte Steuerung komplexer Handlungsketten ist eine von der modernen Wissenschaft erheblich geförderte Utopie, weit verbreitet gerade in Branchen, die für sich nüchternen Realismus in Anspruch nehmen. Das wird sich nicht ändern, und so braucht uns nicht bange zu sein, dass uns die Utopien abhanden kommen könnten, die eine wesentliche Voraussetzung der viel beschworenen Zukunftsfähigkeit darstellen.[23]

Meine Damen und Herren, welche Pläne verfolgte Caesar, als er starb? Diese Frage werden wir nie sicher beantworten können, aber wir können sie präziser fassen. Unter anderem dazu hat Martin Jehne beigetragen, ein Althistoriker, der sein Geschäft versteht, dem es gelingt, vertrate Gegenstände in ein neues Licht zu rücken, und zwar durch eine ungewöhnliche Verbindung von minutiöser Quellenarbeit und konzeptioneller Stärke; er arbeitet mit einer ausgefeilten und reflektierten Methodik und hat sich so ein hohes disziplinäres und interdisziplinäres, nationales und internationales Ansehen erworben. Doch er betreibt seine Wissenschaft zugleich als Citoyen, dessen Gelehrsamkeit und Bereitschaft, bestimmte Gegenstände der Vergangenheit immer neu zu durchdenken, sich mit einem wachen Sinn für die Gegenwart und die Verantwortung

23 Ebd., 153.

in ihr verbinden. Ihm ist es so gelungen, neue Perspektiven auf die Antike, insbesondere auf die Römische Republik zu eröffnen, die er durch eine klare, anspielungsreiche Sprache auch an ein breites wissenschaftliches und gebildetes Publikum weiterzugeben versteht. Genau diese Verbindung von disziplinärer Präzision, intellektueller Offenheit und Bereitschaft zum öffentlichen Wirken ist ein Forscherhabitus, der dem Geist Karl Christs entspricht, so dass wir mit großer Einmütigkeit zur Auffassung gelangt sind, dass Du, lieber Martin, diesen Preis verdient hast.

Stefan Rebenich, Andreas Rödder, Martin Jehne und Hartmut Leppin (von links) bei der Verleihung des Preises.

Karl-Christ-Preis für Alte Geschichte
2019

Professor Dr. Martin Jehne

Freud und Leid römischer Senatoren. Invektivarenen in Republik und Kaiserzeit

Freud und Leid römischer Senatoren
Invektivarenen in Republik und Kaiserzeit

Martin Jehne

I. Der Beginn einer folgenreichen Feindschaft: der Bona Dea-Skandal

Wohl in der ersten Maihälfte des Jahres 61 v.Chr. wurde P. Clodius Pulcher von einer knappen Mehrheit der Geschworenen freigesprochen und rettete damit seine Chance, sich mit Inbrunst und Entschlossenheit den Feindschaften zu widmen, die überwiegend erst im Vor- und Umfeld seines Prozesses entstanden waren. Der junge Mann, der Clodius nach römischen Maßstäben mit Anfang 30 noch war, hatte sich an einem der ersten Dezembertage 62 v.Chr. in einem Frauengewand in Caesars Haus geschlichen, wo gerade die Rituale des Bona Dea-Kults vollzogen wurden, die strikt nur von Frauen und in Abwesenheit aller Männer durchgeführt werden durften.[1] Als Clodius entdeckt wurde, war das Sakrileg manifest. Die mutwillige Störung einer Kulthandlung, zu der Clodius das Interesse an Caesars Frau Pompeia motiviert haben soll, war in Rom keine Kleinigkeit.[2] Doch war der Götterfriede durch die sofortige Wiederholung der Kulthandlungen eigentlich wiederhergestellt worden, und schlechte Vor-

---

1 Cic. Att. 1,12,3; 13,3; har.resp. 43; dom. 105; Mil. 72; Vell. 2,45,1; Liv. per. 103 (mit dem merkwürdigen Fehler, es habe sich bei der Frau, um die es Clodius ging, um die Ehefrau des *pontifex* Metellus gehandelt); Plut. Cic. 28,1-4; Caes. 10,1-5; Schol. Bob. p. 85 STANGL. Bona Dea wurde in unterschiedlichen Formen und von unterschiedlichen Gruppen verehrt, aber ein offizieller Kult, der im frühen Dezember als Teil des römischen Festzyklus' stattzufinden hatte, war die nächtliche Veranstaltung der vornehmen Frauen, die im Hause des Magistrats mit *imperium*, der die höchste Stellung unter den in Rom anwesenden Magistraten innehatte, stattzufinden hatte. Vgl. dazu BROUWER 1989, 358–370.

2 Für eine nüchterne Darstellung des Geschehens nach den Quellen vgl. etwa MOREAU 1982, 11–15. Diskussionen möglicher Motive des Clodius: MOREAU 1982, 23–26; TATUM 1999, 85 f.; s. auch 73 mit 274 Anm. 78. Zur Bedeutung eines solchen religiösen Frevels in Rom vgl. ebd. 64-67. Die Auffassung von WILL 1991, 52-58, Clodius sei unschuldig gewesen, ist zwar angesichts der römischen Praxis, gnadenlos mit Fake-News zu arbeiten und Informationen kaum zu überprüfen, nicht endgültig zu widerlegen, aber äußerst unwahrscheinlich; es ist kein überzeugendes Motiv für eine solche Verschwörung gegen Clodius zu sehen, und dass Aurelia, die Mutter Caesars, und Iulia, seine Schwester (wohl die ältere), die gegen Clodius vor Gericht als Augenzeuginnen aussagten (Suet. Iul. 74,2), dies alles nur erfunden haben sollen, ist in Ermangelung irgendeines einleuchtenden Interesses ebenfalls nicht glaubhaft – zumal sie Caesar damit gerade nicht unterstützten, der in der Angelegenheit eher abwiegelte; vgl. dazu MOREAU 1982, 196 f. Zur Liste der bekannten Zeugen s.u. Anm. 31.

zeichen, die angezeigt hätten, dass die Göttin noch unzufrieden war, wurden auch nicht gemeldet.[3] Eine unmittelbare Notwendigkeit zur Verfolgung der Angelegenheit bestand daher wohl nicht.[4] Erst als mit einiger Verzögerung eine Debatte im Senat entfacht, ein Gutachten der zuständigen Priester eingeholt und die gesetzliche Einrichtung eines Sondergerichts beschlossen wurde, geriet Clodius in Gefahr. Seine Bemühungen, durch Bitten und Schmeicheln, Drohen und Schmähen das Gesetz zu verhindern, hatten ebensowenig Erfolg wie die Mobilisierung des Volkes in Versammlungen, die er als amtierender Quaestor einberufen durfte,[5] und der Einsatz von Schlägertrupps. So war es am Ende offenbar die Bestechung von großen Teilen der Jury, die ihn vor dem Exil bewahrte.[6] Nicht lange danach, am 15. Mai 61,[7] wurden in einer turbulenten Senatssitzung alle möglichen Beleidigungen und Beschuldigungen ausgetauscht, und dabei kam es auch zu einem Wortwechsel zwischen Clodius und Cicero, einer kommunikativen Form, welche die Römer eine *altercatio* nannten.

Cicero berichtet darüber in einem Brief an seinen Freund Atticus, den er erst ca. sechs Wochen später vollendete.[8] Doch hatte es von Ciceros Einlassungen Aufzeichnungen gegeben.[9] Jedenfalls referiert er kurz eine flammende Rede, die er gegen Clodius gehalten hatte, als er zur Meinungsäußerung aufgefordert worden war. Darin stellt er Clodius explizit in eine Linie mit Catilina und dessen

---

3 So die überzeugende Interpretation von TATUM 1999, 67.

4 Vgl. TATUM 1999, 71 f.

5 Vgl. Schol. Bob. p. 86 STANGL.

6 Einsatz von gewaltbereiten Anhängern: Cic. Att. 1,16,5; Schol. Bob. pp. 85; 90 STANGL. Cicero überliefert, dass Clodius mit 31 zu 25 Stimmen freigesprochen wurde: Cic. Att. 1,16,5; 10 (s.u. Anm. 14); s. auch Schol. Bob. pp. 85; 90 STANGL (Plut. Cic. 29,8 überliefert in seinem Zitat aus Ciceros Bemerkung im Senat [s.u. Anm. 14] irrtümlich 30 zu 25 Stimmen). Vgl. TATUM 1999, 82–85. VANDERBROECK 1987, 30 ist der Auffassung, dass die von Clodius angeheuerten Schlägerbanden viele Mitglieder der Jury so einschüchterten, dass sie deshalb für Freispruch votierten.

7 Datierung ausdrücklich bei Cic. Att. 1,16,9 (s.u. Anm. 11).

8 Cic. Att, 1,16 wird auf Anfang Juli datiert, vgl. SHACKLETON BAILEY 1965, 148 f. mit 313.

9 Aus einer Rede Ciceros In *P. Clodium et Curionem*, die 58 gegen seinen Willen publiziert wurde (Cic. Att. 3,12,2; 15,3), gibt es Fragmente in den Redekommentaren der Scholia Bobiensia (pp. 85–91 STANGL, pp. 86 und 87 wird die Rede auf das Jahr der Quaestur des Clodius und damit auf 61 v.Chr. datiert), die von CRAWFORD 1984, 107 f.; CRAWFORD 21994, 229 f. mit der oben im Text zusammengefassten Cicerorede im Senat vom 15. Mai und der daran anschließenden *altercatio* identifiziert werden – mit guten Argumenten. Da man im Jahr 58 eine ciceronische Rede aus dem Jahr 61 in Umlauf bringen konnte, muss es Aufzeichnungen gegeben haben.

Unterstützer Cornelius Lentulus Sura, die in Ciceros Consulat 63 zu Staatsfeinden erklärt und zu Tode gekommen waren,[10] und fährt dann fort:

„Du irrst, Clodius, die Richter haben dich nicht für die Stadt Rom, sondern für den Kerker reserviert, sie wollten dich nicht in der Bürgerschaft zurückbehalten, sondern sie wollten dich des Exils berauben."[11]

Cicero sagt also dem anwesenden Clodius ins Gesicht, dass man ihn nicht ins Exil habe fliehen lassen, in dem die vornehmen Römer, die in einem Kapitalprozess verurteilt worden waren, ein bequemes Leben zu führen pflegten, allerdings um den hohen Preis, völlig von der Politik ausgeschlossen zu sein.[12] Statt dessen habe man ihn lieber aufsparen wollen für ein Schicksal wie das des Lentulus, der zunächst festgesetzt, dann hingerichtet worden war. So ist es kein Wunder, dass Clodius aufstand und Cicero verbal attackierte, woraus der Wortwechsel entstand, von dem Cicero, wie er explizit betont, seinem Freund Atticus nur eine Kostprobe gibt.[13] Die lautet folgendermaßen – wobei ich den Text hier mit einigen in eckige Klammern gesetzten Ergänzungen versehen habe, um die Schmähungen nachvollziehbar zu machen:

Es erhebt sich der reizende Junge und wirft mir vor, ich sei in Baiae gewesen [bei den warmen Bädern am Golf von Neapel]. Das ist falsch, aber dennoch, was soll's? Ich sage: „Das ist so ähnlich, als wenn du sagtest, ich sei an dem verborgenen Ort [des Bona Dea-Festes] gewesen." „Was", sagt er, „will ein Mann aus Arpinum [wie Cicero] mit Warmbädern?" Ich antworte: „Erzähl das deinem

---

10 Als Catilina geflohen war, ließ der Consul Cicero auf der Grundlage eines *senatus consultum ultimum* bekannte Mitstreiter Catilinas, die noch in Rom waren, festsetzen; unter diesen war Lentulus Sura der prominenteste. Diese sog. Catilinarier wurden nach der berühmten Senatsdebatte vom 5. Dezember 63 auf Anordnung Ciceros hingerichtet. Vgl. dazu u.a. NIPPEL 1988, 94–107.

11 Cic. Att. 1,16,9: *nam ut Id. Maiis in senatum convenimus, rogatus ego sententiam multa dixi de summa re publica, atque ille locus inductus a me est divinitus, ne una plaga accepta patres conscripti conciderent, ne deficerent; vulnus esse eius modi quod mihi nec dissimulandum nec pertimescendum videretur, ne aut ignorando stultissimi <aut metuendo ignavissimi> iudicaremur; bis absolutum esse Lentulum, bis Catilinam, hunc tertium iam esse a iudicibus in rem publicam immissum.* ***'erras, Clodi. non te iudices urbi sed carceri reservarunt neque te retinere in civitate sed exsilio privare voluerunt.'***

12 Für die Möglichkeiten der Angehörigen der Führungsschicht, sich bei einer drohenden Verurteilung ins Exil zu begeben, vgl. KELLY 2006, 17–25.

13 Cic. Att. 1,16,8.

Patron, der die Warmbäder eines Arpinaten so heiß begehrte" (du weißt schon, jene des Marius). Er sagt: „Wie lange sollen wir diesen rex [also: König] noch ertragen?" „Du nennst mich rex," sage ich, „weil du von [Marcius] Rex nicht erwähnt [und damit nicht bedacht] worden bist [in seinem Testament]" (denn jener hatte voller Hoffnung die Erbschaft des Rex schon verschlungen). „Du hast," sagt er, „ein Haus gekauft [eine Anspielung auf dubiose Machenschaften Ciceros beim Erwerb seines Hauses auf dem Palatin]." Ich sage: „Du meinst wohl auszusprechen: Du hast Geschworene gekauft [beim Bona Dea-Prozess]." „Deinem Schwur", sagt er, „haben sie nicht geglaubt." Ich sage: „Mir aber haben 25 Geschworene geglaubt, 31 haben Dir nichts geglaubt, sonst hätten sie sich ihr Geld nicht vorher geben lassen." Durch lautes Beifallsgeschrei herabgewürdigt schwieg er und sank in sich zusammen.[14]

Das ist also der altehrwürdige römische Senat, dessen Autorität uns Cicero so häufig beschwört, in der Praxis. Von der zentralen Eigenschaft römischer Senatoren, der *gravitas*, der Ehrfurcht und Schrecken einflößenden Strenge, Gewichtigkeit, Erhabenheit,[15] ist hier nicht viel zu spüren. Stattdessen beleidigen sich zwei Mitglieder des Gremiums gegenseitig nach Kräften. Clodius wirft Cicero vor, bei seiner Zeugenaussage in dem Prozess gelogen zu haben, er charakterisiert ihn als ein grobschlächtiges Landei, weil er aus Arpinum kommt,

---

14 Cic. Att. 1,16,10: *surgit pulchellus puer, obicit mihi me ad Baias fuisse. falsum, sed tamen 'quid? hoc simile est,' inquam 'quasi in operto dicas fuisse?' 'quid' inquit',homini Arpinati cum aquis calidis?' 'narra' inquam 'patrono tuo, qui Arpinatis aquas concupivit' (nosti enim Marianas). 'quousque' inquit 'hunc regem feremus?' 'regem appellas' inquam 'cum Rex tui mentionem nullam fecerit?' – ille autem Regis hereditatem spe devorarat. 'domum' inquit 'emisti.' 'putes' inquam 'dicere iudices emisti.' 'iuranti' inquit 'tibi non crediderunt.' 'mihi vero' inquam 'xxv iudices crediderunt, xxxi, quoniam nummos ante acceperunt, tibi nihil crediderunt.' magnis clamoribus adflictus conticuit et concidit.* Den letzten Satz übersetzt SHACKLETON BAILEY 1965, 159 sehr plastisch: „The roars of applause were too much for him and he collapsed into silence." – Die Passage über das Abstimmungsergebnis beim Clodiusprozess findet sich in etwas abweichender Weise (und mit einer größeren Ergänzung) auch in den Zitaten der Schol. Bob. p. 90 STANGL (frg. XXVI) aus der Cicerorede In *P. Clodium et Curionem: Quasi non contentus sim, quod mihi quinque et XX iudices crediderunt, <XXXI tibi nihil crediderunt, qui ab senatu praesidium petierint>, qui sequestres abs te locupletes acceperint.* Ergänzt ist einerseits, dass die Jurymitglieder, die Clodius freisprachen, ihm dennoch nicht geglaubt hatten, und andererseits der Beweis für ihr Misstrauen, dass sie nämlich vom Senat eine Schutzmannschaft erbeten hatten. Nur der erste Teil findet sich in Ciceros Zitat seiner eigenen Worte (s.o.). Der zweite Teil ist dagegen nicht in Ciceros Selbstreferat enthalten, wohl aber im selben Brief bei der Schilderung einer verbalen Attacke des Catulus gegen einen der Befürworter des Freispruchs, den Catulus fragte: *„quid vos" inquit „praesidium a nobis postulabatis? an, ne nummi vobis eriperentur, timebatis?"* (Cic. Att. 1,16,5; vgl. Plut. Cic. 29,7; Sen. ep. 97,6). Dennoch handelt es sich um eine unzulässige Hinzufügung des Editors.

15 Zur *gravitas* vgl. HELLEGOUARC'H ^{2}1972, 279–281.

er beschuldigt ihn, sich als Consul wie ein König benommen zu haben, und da man in Rom keinen König dulden wollte, gibt er ihn damit gewissermaßen für ein Attentat frei,[16] er unterstellt ihm, sich sein Haus in allerbester Lage und Umgebung mit unsauberen Methoden verschafft zu haben, und er weist höhnisch darauf hin, dass der größere Teil der Geschworenen sich nicht an Ciceros Aussage orientiert habe. Cicero kontert, dass es schließlich Clodius gewesen sei, der den religiös tabuisierten Raum betreten hatte, dass ein Patron des Clodius sich die Bäder des Marius hatte aneignen wollen, dass Clodius ein enttäuschter Erbschleicher sei, dass er Geschworene gekauft habe, dass diese so wenig Vertrauen in ihn hatten, dass er sie habe vorab bezahlen müssen. Und das ganze Geschehen mündet ein in ohrenbetäubendes Gebrüll, mit dem offenbar Cicero begeistert unterstützt wurde.

II. Ein Instrumentarium zur Beschreibung und Analyse invektiver Kommunikation

Bei der Analyse einer solchen Kaskade von gegenseitigen Beleidigungen ist es hilfreich, zunächst einmal das einfache Grundmodell der invektiven Triade anzuwenden, also die Unterscheidung von drei Standardrollen, die in invektiven Auseinandersetzungen eingenommen werden: die des Invektierers bzw. der Invektiererin, die der bzw. des Invektierten und die des Publikums. Da auf invektive Handlungen sehr schnell Anschlusskommunikation zu folgen pflegt, ist es erwartbar, dass es gleich mit veränderten Rollen weitergeht – allerdings können Reaktionen auch erst mit erheblicher Zeitverzögerung erfolgen. Invektiven lösen jedenfalls oft weitere Invektiven aus, so dass sich Ketten bilden, die häufig eine Eskalationsdynamik enthalten. Und genau dies lässt sich beim Schlagabtausch von Clodius und Cicero im Senat beobachten.

Wenn sich zwei Kontrahenten in massiver Weise attackieren, dann spielt das Publikum eine entscheidende Rolle. Das Publikum, also die Anwesenden, die zunächst nicht als Invektierer/in oder als Invektierte/r direkt beteiligt sind,

16 Zur radikalen Ablehnung des Königtums in der späten Republik und zur Rechtfertigung des ‚Tyrannenmords' vgl. etwa NIPPEL 1995, 61 f.; PINA POLO 2006; PINA POLO 2017, 21-27; SIGMUND 2014, 23–31.

kann für die eine oder andere Seite Partei ergreifen, es kann sich aber auch angeekelt abwenden, oder es kann sich spalten in Unterstützer der einen und der anderen Seite. Bei der *altercatio* zwischen Clodius und Cicero können wir damit rechnen, dass Clodius schon aufgrund seiner Zugehörigkeit zu der berühmten und bestens vernetzten Patricierfamilie der Claudier eine Reihe von Anhängern besaß.[17] Aber die Senatoren, die Cicero bejubelten, dürften deutlich in der Mehrzahl gewesen sein – Cicero hätte nicht so begeistert von seinem großen Auftritt erzählt, wenn er nicht für seine Schmähungen erhebliche Zustimmung vom Publikum erfahren hätte. Denn erst das Publikum erzeugt mit seinen Reaktionen den momentanen Sieger in einer invektiven Auseinandersetzung unter Anwesenden.

Nun ging es im römischen Senat natürlich nicht immer so zu. Eine längere *altercatio* zwischen zwei Sitzungsteilnehmern war nach dem, was wir einigermaßen abschätzen können, kein alltägliches Ereignis in Senatssitzungen. Das lag nicht etwa daran, dass man sich unter Senatoren durchgängig höflich und respektvoll zu behandeln pflegte – im Gegenteil: Meinungsverschiedenheiten zwischen Senatoren gingen leicht in den invektiven Modus über, schon weil die Trennung zwischen der Sache und der Person den Römern nicht sonderlich nahelag. Doch sorgte das Ritual des Ablaufs von Senatssitzungen dafür, dass sich nur in Ausnahmefällen die Gelegenheit bot, auf die Unverschämtheiten eines anderen Senators direkt zu reagieren. Das Reglement sah nämlich vor, dass die Debatte, die der versammlungsleitende Consul oder Praetor nach Vorstellung und Erläuterung des Tagesordnungspunkts eröffnete, in einer festen Reihenfolge durchgeführt wurde.[18] Zunächst orientierte man sich an den Rangklassen, die durch die erreichte Ämterstufe definiert waren. Folglich kamen erst die Consulare, die ehemaligen Consuln, an die Reihe, sodann nacheinander die Praetorier, die Aedilicier, die Tribunicier, die Quaestorier.[19] Innerhalb der Rangklassen

17 Zu Clodius' sozialem, ökonomischem und politischem Hintergrund vgl. vor allem TATUM 1999, 32–39.

18 Siehe Gell. n.a. 14,7,9. Zur Rangfolge der Meinungsäußerung im Senat vgl. MOMMSEN 31887/8, III 1, 414 f.; III 2, 965-969; RYAN 1998, 155-168; RILINGER 2007, 96 f.; TIMMER 2008, 96; s. auch JEHNE (im Druck a), 64 f.

19 Wenn es Senatoren gab, die keines dieser Ämter bekleidet hatten, dann kamen sie folglich erst nach den Quaestoren an die Reihe. Das waren wohl die sog. *pedarii*, deren prinzipielles Meinungsäußerungs- und Stimmrecht RYAN 1998, 72–87 mit guten Argumenten untermauert hat.

war der Zeitpunkt, zu dem jemand das Amt erreicht hatte, ausschlaggebend in der Weise, dass derjenige, der früher das Consulat bekleidet hatte, früher reden durfte. Selbst als sich das in der ciceronischen Ära änderte und der Versammlungsleiter nun den ersten Consularen nach der von ihm selbst gewählten Ordnung das Wort erteilen konnte, galt das wohl nur für die Consulare, zu denen Cicero, aber nicht Clodius gehörte.[20] Diese formalisierte Umfrageform führte dazu, dass man auf eine Meinungsäußerung, die man inhaltlich ablehnte oder von der man sich persönlich angegriffen fühlte, vielleicht einmal mit einem Zwischenruf reagieren konnte, aber kaum in Form einer längeren Intervention – es sei denn, man hatte eines der senatorischen Ämter inne, wie es bei Clodius als einem der 20 Quaestoren des Jahres 61 v.Chr. der Fall war. Allem Anschein nach besaßen Magistrate das Recht, außerhalb der formalisierten Reihenfolge zu sprechen.[21] Doch wurde ein spontanes Wortgefecht wie das geschilderte durch die Grundstruktur der Senatsdebatten nicht sonderlich begünstigt.

Generell gilt aber: Wer sich als Senator pflichtschuldigst zur Sitzung aufmachte, musste – jedenfalls in der späten Republik – mit oder ohne *altercationes* darauf gefasst sein, dass es zum Austausch von Beleidigungen kommen konnte. Dies zählte zu den Grundgegebenheiten des Senats als einer Arena, d.h. als eines stabilisierten und ritualisierten öffentlichen Kommunikationsraums, der durch Regeln und Grenzen hinsichtlich des Verhaltens der am Geschehen beteiligten Menschen charakterisiert und normalerweise für alle Teilnehmer wiedererkennbar und einschätzbar war. Dass mit dem Terminus „Arena" ein Kampfplatz assoziiert wird, ist für die öffentlichen Kommunikationsräume Roms durchaus angemessen. Solche Arenen sind in Rom neben den Senatssitzungen auch die Volksversammlungen, die Gerichtsverhandlungen, die Theaterevents, die Spiele im Circus, die Gladiatorenspiele, die Bankette der Oberschicht, die Morgenbegrüßungen in den senatorischen Häusern, die Triumphzüge, die Wahlkämpfe, die Pamphlete, die Graffiti. Es gibt zweifellos noch mehr. Einige

---

20 Zu dieser etwa 71 v.Chr. eingeführten neuen Ordnung vgl. RYAN 1998, 284–292.

21 Vgl. dazu MOMMSEN 31887/8, III 2, 942–945. Die Belege und Indizien sind nicht zahlreich, so dass man auch an außerordentliche Zuweisungen des Rederechts durch den Sitzungsleiter denken könnte. Darüber hinaus gab es offenbar ein Recht, bei Kritik an der eigenen Meinungsäußerung durch einen später sprechenden Senator noch einmal das Wort zu erbitten, um sich zu verteidigen, vgl. dazu BONNEFOND-COUDRY 1989, 503–505 mit den (wenigen) Quellen. Doch Clodius griff erst nach Cicero in die Debatte ein, wohl kraft seines Status' als amtierender Quaestor.

dieser Arenen waren eng und stabil an ganz spezifische Lokalitäten gebunden, wie etwa die Circusspiele, da jedenfalls die Wagenrennen nur in einem Circus stattfinden konnten. Andere Arenen waren hinsichtlich ihrer räumlichen Verankerung beweglich wie etwa die schon angesprochenen Senatssitzungen, die zwar normalerweise in die *curia*, das Senatsgebäude am *forum*, einberufen wurden, häufiger aber auch in einem Tempel abgehalten wurden.[22] Es gibt auch Arenen, deren physische Lokalitäten verschwimmen, wie etwa die der Graffiti, die an sehr verschiedenen Orten auftauchten mit ihren sehr verschiedenen, aber nicht selten invektiven Botschaften.[23] Pamphlete operieren sogar in einem virtuellen Raum und repräsentieren kommunikativen Austausch mit unklaren Teilnehmern. Der wesentliche Punkt dabei ist der, dass Arenen nicht unbedingt auf physische Räume reduziert sind, nicht einmal in der Antike. Wie man sich in diesen Arenen bewegt, womit man rechnen muss, was dort sagbar und machbar ist und welche invektiven Grenzüberschreitungen einkalkuliert werden müssen, das wird den kulturell Zugehörigen ansozialisiert und ist so ein Teil des nicht-reflexiv Selbstverständlichen. Die Abläufe sind in den Grundzügen erwartbar, aber nicht immer identisch, und sie lassen Überraschungen zu – vor allem hinsichtlich der Invektivität.

Dieser Terminus ist der zentrale Begriff unseres Dresdner Sonderforschungsbereichs, der den Titel trägt: „Invektivität. Konstellationen und Dynamiken der Herabsetzung".[24] „Invektivität" ist erkennbar ein Kunstwort, das wir geprägt haben, nicht nur weil es für einen geistes- und sozialwissenschaftlichen Sonderforschungsbereich mittlerweile zum guten Ton gehört, einen neuen Kernbegriff zu erfinden und in die wissenschaftliche Sprache einzuführen, sondern auch ganz praktisch, weil wir einen Oberbegriff brauchten, unter dem wir alle Spielarten des Invektiven, also Beleidigungen, Schmähungen, Herabsetzungen, Ausgrenzungen, Kränkungen, Verächtlichmachungen, Verspottungen, Hassreden, Unhöflichkeiten und manches mehr zusammenfassen können. Denn all diese genannten Termini überschneiden sich natürlich vielfältig, gehen aber

---

22 Vgl. die Liste der Lokalitäten, für die Senatssitzungen bezeugt sind, bei BONNEFOND-COUDRY 1989, 47.

23 Zu den Graffiti, zu deren kommunikativem Repertoire es gehörte, ihre erwarteten Leser anzusprechen, Personen namentlich zu nennen und des Öfteren zu beleidigen und auf andere Graffiti Bezug zu nehmen, vgl. jetzt LOHMANN 2018, vor allem 103–115.

24 https://tu-dresden.de/gsw/sfb1285.

nicht völlig ineinander auf. Zudem bildet der Begriff der Invektivität auch das Dach für das breite Spektrum der Formen von der intentional und persönlich adressierten Beleidigung à la Cicero bis zu sozialen Dispositiven und Konstellationen, deren pejorative Wirkungsmacht in die etablierten sozialen Strukturen eingewoben ist. Wir vermeiden den eingeführten Begriff „die Invektive", weil er eng mit einer literarischen Gattung identifiziert ist, die wir nicht vernachlässigen, über die wir aber weit hinausgreifen wollen. Dagegen ist die Formel „das Invektive" als Sammelbegriff für die verletzenden Elemente von Kommunikation hilfreich.[25]

Invektivität ist also unser Oberbegriff und gleichzeitig unsere Kategorie für eine Basisströmung in menschlicher Kommunikation und Interaktion, die wir für universell halten. Was wir besser verstehen wollen, das sind vor allem die unterschiedlichen invektiven Gepflogenheiten in unterschiedlichen Kulturen, d.h. getreu dem Ansatz der Geschichtswissenschaften ist uns das Inventar der Differenzen wichtig, was natürlich untrennbar verknüpft ist mit der Herausarbeitung der Gemeinsamkeiten. Mein Projekt[26] ist dabei konkret auf das Invektivgeschehen der römischen Republik und frühen Kaiserzeit ausgerichtet, und das hat mich dazu gebracht, auf die Politik im antiken Rom mit anderen Augen zu sehen, ebenso aber auch auf die Gegenwart, in der das Forschungsthema eine bisweilen erschreckende Aktualität gewonnen hat.

III. Die Vertiefung der Feindschaft zwischen Cicero und Clodius

Wie ich schon dargelegt habe, eskalierte in der Senatssitzung am 15. Mai 61 v.Chr. die Konfrontation zwischen Cicero und Clodius zu einer Kette gegenseitiger Beleidigungen. Das große Geschrei, das dem ein Ende machte, war keines der Empörung über unangemessenes Verhalten der beiden Kontrahenten. Politische Auseinandersetzungen wurden in Rom in scharfem Ton geführt, und das gerade auch im Senat, in dem die Senatoren unter sich waren. Ein invektiver Schlagabtausch zwischen zwei Kontrahenten wie hier Cicero und Clodius wurde

---

25 Vgl. zum Konzept des Sonderforschungsbereiches ELLERBROCK u.a. 2017, zu den Termini 4–7, zur invektiven Triade 12–14.

26 https://tu-dresden.de/gsw/sfb1285/forschung/teilprojekte/teilprojekt-a-alte-geschichte.

von den restlichen Senatoren als Publikum mit lauten Reaktionen begleitet. Cicero verwendet dafür den Terminus *clamores*,[27] was einerseits allgemein „Geschrei" heißt, aber durchaus auch „Beifall" bedeuten kann. Dass Cicero an seinen Freund Atticus schreibt, Clodius sei durch den großen Beifall herabgewürdigt worden, zeigt klar, wie Cicero die Szene interpretierte: als großen Zustimmungsakt zu seiner Haltung und zu seiner Attacke gegen Clodius. Das dürfte auch der Deutung der Anwesenden im wesentlichen entsprochen haben, denn angesichts der Menge der Senatoren, die das miterlebt hatten, hätte man sich als Verlierer mit der Behauptung, man sei der Gewinner, nur lächerlich gemacht.[28] Zweifellos litt jedoch eine Reihe von Senatoren unter diesen Beleidigungskaskaden, nicht nur Clodius, sondern wohl auch seine Unterstützer aus den führenden Familien und die Juroren, die hier der Bestechlichkeit bezichtigt wurden. Dass die Angelegenheit mit Ciceros Sieg im Wortgefecht nicht erledigt sein würde, war aber ohnehin erwartbar: Es lag einem römischen Senator nahe sich zu rächen, wenn er sich gekränkt fühlte, und Clodius war hier nicht nur keine Ausnahme, sondern sogar ein besonders entschlossener Vertreter dieser Haltung.

Schauen wir noch einmal zurück: Der *altercatio* im Senat war zeitnah die Gerichtsverhandlung vorangegangen, zu der es erst nach Senatsverhandlungen und verschiedenen Mobilisierungen des Volkes in Versammlungen gekommen war. Auch die Verhandlung selbst war verschiedentlich gestört, die Akteure waren bedroht worden, und schließlich hatte der Senat beschlossen, die Consuln sollten für den Schutz des Gerichtes Sorge tragen.[29] Dass Cicero in der Verhandlung als Zeuge aussagte und dem Alibi des Clodius widersprach,[30] war

27 S.o. Anm. 14.

28 Vgl. TATUM 1999, 88: „Cicero's wit won the day".

29 Die Mitglieder der Jury hatten um Schutz gebeten, Cic. Att. 1,16,5; Schol. Bob. p. 85 STANGL; Dio 37,46,2.

30 Cicero sagte vor Gericht aus, Clodius habe ihn am Tage des Bona Dea-Festes besucht, womit dessen Behauptung, er sei in Interamna gewesen, aufgrund der Entfernungen nicht vereinbar war. Nach Schol. Bob. p. 85 STANGL war dieses Interamna fast 90 römische Meilen entfernt, also ca. 130 km, doch mag die Zahl übertrieben sein. MOREAU 1982, 201 f. berechnet die Distanzen der 3 bekannten Städte mit dem Namen Interamna und vermutet, dass es sich um Interamna Lirenas gehandelt hat, da es ca. 87 römische Meilen von Rom entfernt lag, was der Angabe des Scholiasten am nächsten kommt (Interamna Nahars 65 Meilen, Interamna Praetuttiorum 108 Meilen). Vgl. zu dem Alibi Val. Max. 8,5,5; Schol. Bob. p. 85 STANGL; Plut. Cic. 29,1 f.; Cic. Att. 1,16,2; 10; 2,1,5 (hier das Detail, Cicero habe Clodius nur 3 Stunden vor dem Bona Dea-Fest gesehen); Mil. 46; dom. 80; Asc. p. 46 CLARK; Quint. inst. 4,2,88. Dazu CRAWFORD 1984, 99–101.

sicherlich aus Sicht des Clodius ein weiterer unfreundlicher Akt, aber Cicero war nicht der einzige Zeuge dafür, wenn auch der gewichtigste.[31] Nach dem Freispruch, wie immer der auch zustande kam, waren Cicero und Clodius zweifellos verfeindet, aber es hatten sich auch andere Senatoren eindeutig gegen Clodius positioniert, so dass Cicero keineswegs alleine stand.[32] Nach römischen Bräuchen mussten solche Verwerfungen nicht von ewiger Dauer sein. Aber Cicero scheint sich ganz als der souveräne Consular gefühlt zu haben, der einem jungen Mann aus bester Familie die Grenzen aufzeigt, ohne selbst ernsthaft damit zu rechnen, dass dieser sich rächen könnte. Es spricht vieles dafür, dass Cicero, wenn er sich nicht bemüßigt gefühlt hätte, im Senat diese tief verletzende Attacke gegen Clodius zu führen, ruhigere Jahre vor sich gehabt hätte. In dem schon mehrfach zitierten Brief an Atticus schreibt er euphorisch, diese Rede habe ihm ein Gott eingegeben[33] – angesichts der dubiosen Verlässlichkeit antiker Götter hätte ihn das eher misstrauisch machen sollen.

Clodius äußerte im Jahre 60 den Wunsch, Volkstribun zu werden, verstärkt nach der Rückkehr von seiner Quaestur in der Provinz Sizilien Mitte des Jahres.[34] Als Patricier war er von dieser Position ausgeschlossen, so dass der Plan implizierte, dass er aus dem Patricierstand zu den Plebeiern übertreten musste, was nicht unmöglich war, aber ein spezielles Gesetz oder eine etwas kompliziertere Prozedur zur Adoption durch einen Plebeier erforderte. Weder auf dem einen, noch auf dem anderen Weg kam Clodius voran. Derweil machte Cicero im Senat ebenso wie in der Volksversammlung und bei der offenbar gemeinsamen Unterstützung eines Amtsbewerbers wieder böse Witze über Clodius. Cicero

---

31 Vgl. ALEXANDER 1990, 116 f. mit den Grundinformationen zum Prozess. Als Zeugen listet ALEXANDER 116 auf: Aurelia, die Mutter Caesars, C. Causinius Schola aus Interamna, der bezeugte, dass Clodius in der Nacht des Bona Dea-Festes bei ihm in Interamna übernachtet habe, wohl Habra, eine Sklavin der Pompeia, Iulia, Caesars Schwester, Caesar, der sich bemühte, nicht gegen Clodius Stellung beziehen zu müssen, L. Lucullus und Cato, die sich sicherlich gegen Clodius positionierten, und Cicero. Vgl. MOREAU 1982, 196–207; TATUM 1999, 81 f.

32 Vor allem der hochangesehene Consular Q. Lutatius Catulus und der jüngere Cato. Für die gemischte Gruppe der Gegner des Clodius in dieser Affäre vgl. GRUEN 1974, 274 f.

33 Cic. Att. 1,16,9: *divinitus* (s.o. Anm. 11).

34 Cic. Att. 2,1,5 (geschrieben Anfang Juni 60, vgl. SHACKLETON BAILEY 1965, 190 f. mit 343). Wenn die in den Scholia Bobiensia enthaltenen Fragmente eine Cicero-Rede *In P. Clodium et Curionem* wirklich alle die Auseinandersetzung im Senat vom Mai 61 widerspiegeln, dann war schon damals von einem Plan des Clodius zum Übertritt zur *plebs* die Rede, vgl. Schol. Bob. p. 87 frg. XIII STANGL = CRAWFORD 21994, 241 frg. 14. Vgl. aber TATUM 1999, 95 f., der die Auffassung, Clodius habe 61 v.Chr., möglicherweise sogar schon vor dem Bona Dea-Skandal den Plan gefasst, sich um das Volkstribunat zu bemühen, mit guten Argumenten ablehnt.

berichtet darüber locker an seinen Freund Atticus und behauptet, er mache diesen unverschämten Menschen zu einem gemäßigten nicht nur durch die ewige *gravitas* seiner Rede[35], sondern auch durch diese Art von Aussprüchen.[36] Er stilisierte also seine invektiven Attacken zu einer Erziehungsmaßnahme. Das war eine folgenschwere Überheblichkeit. Als im Jahre 59 der sog. Dreibund von Caesar, Pompeius und Crassus die römische Politik recht weitgehend kontrollierte, erlaubte es sich Cicero in einer Gerichtsrede, die Bedrohung der Republik und den rücksichtslosen Gewalteinsatz der Koalition anzuprangern und insbesondere den Consul Caesar zu attackieren.[37] Es dauerte danach nur einige Stunden, und Caesar und Pompeius hatten dafür gesorgt, dass Clodius von einem Plebeier adoptiert worden war und damit selbst formal zu den Plebeiern zählte, so dass er sich um das Volkstribunat bewerben konnte.[38] Das Verhältnis zwischen Cicero und Clodius hatte sich schon so weit zu einer tiefen Feindschaft aufgeschaukelt, dass es einleuchtend war, Clodius zu unterstützen, wenn man Cicero treffen wollte.[39]

Nun zählte es zu den Eigenheiten der stadtrömischen Kommunikation, dass sie einerseits mit Schmähungen gewürzt zu sein pflegte, andererseits selbst hochinvektive Auseinandersetzungen keineswegs zwingend in tiefere und schon gar nicht in ewige Feindschaften einmünden mussten. Der Grundcharakter römischer Politik ließ eine umfassende Verhärtung solcher Feindschaften nicht zu, denn schließlich gab es keine Parteien und keine stabilen weltanschaulichen Vereinigungen, die auf längere Zeit zusammengeschweißt waren. Dominant war die Vereinzelung von Entscheidungen, für die man sich in erster Linie nach

---

35 CRAWFORD 1984, 121 f. ist der Auffassung, dass die Formulierung *perpetua gravitate orationis* (s.u. Anm. 36) möglicherweise auf eine zusammenhängende Rede verweist, vielleicht aber auch nur auf die Ernsthaftigkeit beim Reden. Mir scheint kein Rückschluss auf den Charakter der Senatsrede vom 15. Mai 61 möglich, auch wenn Cicero in seinem Bericht an Atticus eine ähnliche Formulierung für seine Rede verwendet: *cum oratione perpetua plenissima gravitatis* (Cic. Att. 1,16,8).

36 Cic. Att. 2,1,5: *hominem petulantem modestum reddo non solum perpetua gravitate orationis sed etiam hoc genere dictorum*. Für den Kontext s.u. Anm. 41.

37 Zu den Basisdaten zum Prozess ALEXANDER 1990, 119 f. Nr. 241. Dass sich Caesar beleidigt fühlte, deutet Cicero später an, dom. 41; prov.cons. 42; die Förderung von Clodius' Übertritt zur *plebs* durch Caesar und Pompeius: Suet. Iul. 20,4; Dio 38,10,1; 10,4–12,2; App. b.c. 2,14 (53). Für Ciceros Verteidigungsrede für C. Antonius vgl. CRAWFORD 1984, 124–131. Vgl. dazu BENNER 1987, 41 f.; TATUM 1999, 103 f.

38 Zum Verfahren vgl. TATUM 1999, 104–108.

39 Vgl. TATUM 1999, 108; 286 Anm. 109.

persönlichen Verbindungen positionierte, aber auch dafür offen bleiben musste, hier und da die Kooperation eines Senators zu erbitten, den man keineswegs zu seinen Freunden zählte, und sich im umgekehrten Fall auch selbst mit einem Gegner zu arrangieren.[40] Wie schon erwähnt, fanden sich Clodius und Cicero gemeinsam bei einem Amtsbewerber ein, der sie beide – und zweifellos auch noch andere Senatoren – gebeten hatte, ihn bei seiner Vorstellung, vermutlich also beim ersten Auftritt in der *toga candida* des Bewerbers, zu begleiten, um seiner Präsentation vor dem Volk durch die physisch zum Ausdruck gebrachte Unterstützung bekannter Senatoren Rückenwind zu verschaffen. Dass Clodius und Cicero nicht auf gutem Fuß miteinander standen, hinderte den Kandidaten nicht daran, sie um Teilnahme zu bitten, und die beiden Feinde auch nicht, ihm diese zu gewähren. Bei diesem Anlass ergab sich ganz natürlich die Gelegenheit zum persönlichen Gespräch, in dem Clodius ein wenig mit seinen Verbindungen renommierte und verdeutlichte, dass er sich als neuer Patron der Sizilier, als deren Patron sich auch Cicero betrachten durfte, um mehr und bessere Plätze bei den Spielen für die Clienten kümmern werde. Cicero reagierte gleich wieder damit, Clodius erneut mit Catilina in Verbindung zu bringen, auf das falsche Alibi beim Bona Dea-Prozess anzuspielen und ihm auch noch Inzest mit einer Schwester, der Ehefrau des amtierenden Consuls, zu unterstellen.[41] Cicero fühlte sich offenkundig in seiner Stellung sicher und wollte auf keinen Fall einen Witz auslassen, obwohl er selbst damit rechnete, dass sein Freund Atticus ihm vor-

---

40 Vgl. zur Parteiungsbildung in der römischen Republik die grundlegenden Analysen von Christian MEIER ²1980, XXXII–XLIII; 163–174.

41 Cic. Att. 2,1,5: *iam cum se ille septimo die venisse a freto neque sibi obviam quemquam prodire potuisse et noctu se introisse dixisset in eoque se in contione iactasset, nihil ei novi dixi accidisse. ex Sicilia septimo die Romam: at tribus horis Roma Interamnam. noctu introisti: idem ante. 'non est itum obviam: ne tum quidem cum iri maxime debuit.' quid quaeris? hominem petulantem modestum reddo non solum perpetua gravitate orationis sed etiam hoc genere dictorum. itaque iam familiariter cum ipso etiam cavillor ac iocor. quin etiam cum candidatum deduceremus, quaerit ex me num consuessem Siculis locum gladiatoribus dare. negavi. 'at ego' inquit 'novus patronus instituam. sed soror, quae tantum habeat consularis loci, unum mihi solum pedem dat.' 'noli' inquam 'de uno pede sororis queri; licet etiam alterum tollas.' 'non consulare' inquies 'dictum.' fateor; sed ego illam odi male consularem: 'ea est enim seditiosa, ea cum viro bellum gerit', neque solum cum Metello sed etiam cum Fabio, quod eos nihili esse moleste fert.* TATUM 1999, 90 deutet die Episode so, dass Clodius zunächst Cicero provoziert habe, indem er mit seiner Frage, ob Cicero sich um Sitze bei den Spielen für die Sizilier bemüht habe, auf dessen mangelnde Eignung als Patron anspielte und gleichzeitig mit dem Hinweis auf seine Schwester, die die Gattin des Consuls war, auf seine eigenen Möglichkeiten aufmerksam machte. Doch scheint mir das alles verhältnismäßig harmlos zu sein, so dass Cicero das auch viel nonchalanter hätte behandeln können.

halten werde, dass diese Inzestanspielung eines Consulars unwürdig sei.[42] Mitte des Jahres 59 war dann jede Chance auf eine Entspannung der Konfliktlage dahin. Der frischgebackene Plebeier Clodius ging von einem Wahlerfolg bei den Tribunenwahlen aus und drohte Cicero mit Gewalt und einem Prozess – so jedenfalls Ciceros kurze Zusammenfassung. Cicero hält denn auch lakonisch fest: Clodius ist mein Feind.[43]

Martin Jehne (Vortrag des Preisträgers)

42 Cic. Att. 2,1,5 (s.o. Anm. 41): *„non consulare" inquies „dictum". fateor.*

43 Cic. Att. 2,21,6: *Clodius inimicus est nobis.*

IV. Ciceros Exilierung als invektiver „point of no return“

Der Volkstribun Clodius präsentierte zu Beginn seines Tribunats zunächst einmal vier Gesetzesvorschläge, die ein erstaunlich weit gespanntes, durchaus imponierendes Programm darstellten, in dem neben dezidiert volksfreundlichen Maßnahmen wie der Freigabe der Vereinsbildung und der kostenlosen Getreideverteilung auch Versuche zur Linderung von allgemeinen Problemen des Gemeinwesens zu greifen sind.[44] Erst nach der Verabschiedung dieser Gesetze, die Clodius eine enorme Popularität verschafften, nahm er sein Projekt in Angriff, seinen Feind Cicero aus der römischen Politik hinauszudrängen. Dazu nutzte er virtuos den Zugang zu einer Arena, in der ihm Cicero nicht adäquat entgegentreten konnte. Clodius machte von seinem Recht als Volkstribun reichlich Gebrauch, *contiones* einzuberufen, also meist recht kurzfristig anberaumte Versammlungen, zu denen alle Bürger kommen konnten und zu denen nur wenige kamen. Nur amtierende Magistrate waren berechtigt, solche *contiones* anzusetzen, und sie entschieden ganz allein darüber, wer außer ihnen noch reden durfte. Cicero benötigte als Privatmann demnach andere Magistrate, die ihm in ihren *contiones* eine Gelegenheit geben konnten, seine große Redegabe einzusetzen. Doch war dies nicht einfach, da sich Clodius sehr schnell gewaltbereite Unterstützer organisiert hatte, die er zur Störung konkurrierender Versammlungen einsetzen konnte. Clodius befand sich als Tribun daher in einer glänzenden Position, um einem dankbaren Publikum vor Augen zu führen, dass der alte Anspruch aller Römer, denen ein Kapitaldelikt zur Last gelegt wurde, auf ein förmliches Gerichtsverfahren erneut gesetzlich einzuschärfen sei[45] – und dieses Gesetz hatte, wie jeder wusste, hinter seiner allgemeinen Formulierung ein konkretes Ziel: den Consular Cicero, der während seines Consulats 63 v.Chr. in seinem Übereifer die gefangen gesetzten Catilinarier hatte hinrichten lassen nur auf der Basis eines Notstandsbeschlusses und eines Senatsvotums, aber ohne einen regulären Prozess. Mit zahlreichen flammenden

44 Neben den oben genannten Gesetzen ließ Clodius noch eine *lex de iure et tempore legum rogandarum* (zu den Blockademöglichkeiten bei Gesetzesversammlungen und zu den Terminen für deren Veranstaltung) verabschieden und eine *lex de censoria notione* (über die Einhelligkeit der Censoren bei ihren statusrelevanten Personalentscheidungen). Vgl. dazu ausführlich TATUM 1999, 114–139; FEZZI 1999, 259–282. Außerdem zum Tribunat des Clodius BENNER 1987, 46–71; WILL 1991, 70–84.

45 Zur *lex Clodia de capite civis* vgl. FEZZI 1999, 289–295; TATUM 1999, 153–156.

Reden vor seinen rasch angewachsenen Anhängerscharen, mit der Organisation von Schlägertrupps, die bei Bedarf die Konkurrenz vom Versammlungsplatz vertrieben, durch geschickte Arrangements mit Caesar und Pompeius und mit den Consuln des Jahres 58 und nicht zuletzt aufgrund der Tatsache, dass seine Argumentation nicht wirklich von der Hand zu weisen war, bestimmte Clodius den Kurs. Viele Senatoren hielten sich raus, wie sie das schon im Vorjahr getan hatten. Clodius agitierte für sein Gesetz mit Geschick und Erfolg. Dem Consular Cicero, der es so sehr genossen hatte, den frechen jungen Mann Clodius bei verschiedenen Gelegenheiten bloßzustellen, war das Lachen mittlerweile vergangen. In seiner Verzweiflung legte er Trauerkleidung an, wie man es in Rom manchmal als Angeklagter tat[46] – doch soweit war es eigentlich noch gar nicht. Schließlich ging er am Tag vor der Verabschiedung von Clodius' Gesetz freiwillig ins Exil.[47]

Was zwischen Cicero und Clodius passiert war, lässt sich mit dem Zwei-Schwellen-Konzept für römische Invektivarenen beschreiben. Auch in Kommunikationsräumen, in denen invektive Attacken erwartbar sind, stellt die tatsächlich formulierte Beleidigung die Übertretung einer Schwelle dar, die zwischen der unanstößigen und der invektiven Kommunikation liegt. Schmähungen tun immer weh, sogar wenn man darauf vorbereitet ist, Emotionen kochen hoch, das Gefühl der Kränkung schreit förmlich nach Rache. All das hatten Cicero und Clodius schon vielfältig miteinander erlebt, in der Arena „Senat", in der Arena „Volksversammlung", in der Arena „Gerichtsverhandlung". Als Cicero aufgab und ins Exil ging, folgte daraus, dass eine Rückkehr zu normalen Beziehungen nicht mehr möglich war. Der Bruch war nicht wieder zu kitten. Das Exil bedeutete für Cicero den politischen Tod, und da die Politik der Hauptlebensinhalt eines römischen Senators war und sein musste, war der politische Tod nicht weit entfernt vom tatsächlichen. Der Senator Cicero, der den invektiven Schlagabtausch im Senat so sehr genossen hatte, litt nun fürchterlich unter den längerfristigen Konsequenzen. Seine depressiven Stimmungen sind in diesem Wertesystem nachvollziehbar, und ebenso seine Rachegelüste. Die Chancen für eine Rückberufung waren nicht gut – Cicero ist unter den 20 bekannten Fällen von Exilierung in den 30 Jahren zwischen der Dictatur Sullas

46 Vgl. DEGELMANN 2018, 75–82.

47 Datierung bei FEZZI 1999, 289 f.: zweite Märzhälfte.

und dem Ausbruch des Bürgerkrieges 49 v.Chr. der einzige, dessen Verbannung offiziell aufgehoben wurde.[48] Wenn wir Ciceros Verbannung als Ergebnis einer invektiven Auseinandersetzung beschreiben, dann bedeutete es die Überschreitung einer zweiten Schwelle, die als „point of no return" bezeichnet werden kann (nicht nur im wörtlichen Sinne für einen Exilierten). Während die invektive Kommunikation in dem Feld zwischen der ersten und der zweiten Schwelle eine Versöhnung nicht generell ausschließt, markiert die zweite Schwelle den Punkt, an dem jede Rückkehr zu leidlich akzeptablen Beziehungen unvorstellbar zu sein scheint.[49]

V. Ciceros Wiederaufstieg und die Theaterinvektiven gegen Clodius

Trotz der geringen Chancen arbeiteten Cicero und seine Freunde sofort und unablässig daran, seine Rückberufung zu erreichen, die nach dem von Clodius durchgebrachten Gesetz zur Verdauerung des Exils[50] zwingend ein Aufhebungsgesetz erforderte. Im Jahre 57 begannen sich die Rahmenbedingungen dafür zu verbessern, schon weil Clodius nicht mehr Tribun war und so die Politik nicht mit Initiativ- und Vetorechten ganz wesentlich beeinflussen konnte. Doch dass sein Stern zu sinken begann, erfuhr er in demütigender Weise im April/Mai des Jahres 57 v.Chr., als die Römer die *Floralia* feierten, das Fest für die alte Vegetationsgöttin Flora.[51] Nach einer Senatssitzung, in der Ciceros Rück-

---

48 Vgl. für die Zusammenstellung und Analyse der in den Quellen noch fassbaren Exilierungen in der nachsullanischen Republik KELLY 2006, 186–203 (Nr. 33 – 52). In Bürgerkriegszeiten wurden häufig Exilierte begnadigt, und so geschah es denn auch ab 49 v.Chr., als der Bürgerkrieg zwischen Caesar und seinen Gegnern mit Pompeius an der Spitze ausbrach. Doch Caesar hat keineswegs allen Exilierten sofort die Heimkehr ermöglicht, vgl. dazu etwa die Diskussion von BRUHNS 1978, 64–70.

49 Tatsächlich entspannten sich die Beziehungen zwischen Cicero und Clodius nie mehr. Einen erhellenden Einblick in diese intensiv gepflegte Feindschaft eröffnet die Liste des Vokabulars, mit dem Cicero Clodius herabsetzte, bei PINA POLO 1991, 144–150.

50 Vgl. FEZZI 1999, 300–307; TATUM 1999, 156–158.

51 Vgl. zu Flora und der Einführung eines regelmäßigen Festes BERNSTEIN 1998, 207 f., zu den *Floralia* und den *ludi Florales* ebd. 208–223; Datierung (28. April – 3. Mai): 358; siehe auch SCULLARD 1985, 171–173; 182; WISEMAN 1999; MANUWALD 2011, 44 f. BERNSTEIN 1998, 59 f. hat erklärt, warum die ausdrücklich erwähnte Spielleitung des Consuls Lentulus Spinther (Cic. Sest. 117, s.u. Anm. 53) nicht gegen die *ludi Florales* spricht, auch wenn diese von den *aediles plebis* besorgt wurden: letztere bereiteten vor, aber ein Imperiumsträger leitete. KASTER 2006, App. 1 Anm. 25 lehnt das ab und vermutet außerordentliche Spiele mit Lentulus als Spielgeber.

berufung aus dem Exil umfassend unterstützt worden war, fanden sich die Senatoren so nach und nach zu den Spielen ein, und Cicero, der selbst als Exilierter noch nicht dabei sein konnte, erzählt in der Sestius-Rede etwa ein Jahr später[52] begeistert, das Volk habe zunächst die Nachricht von dem Senatsbeschluss und sodann die Senatoren mit tosendem Beifall begrüßt. Doch als Ciceros Erzfeind Clodius das Theater betrat, brach der Sturm los. Die versammelte Menge brüllte Beleidigungen und machte drohende Gebärden, so dass nicht viel fehlte und Clodius wäre verprügelt worden.[53] Nachdem sich alle wieder ein wenig beruhigt hatten, begann die Vorstellung. Gespielt wurde ein Stück des Afranius, die *togata „Simulans“*, also „Der Simulant“. Plötzlich wandten sich die Schauspieler geschlossen dem Clodius zu, der auf einem der für die Senatoren reservierten Stühle vor der Bühne saß, und rezitierten die Verse: „hier, Titus, ist nach deinen Ursprüngen auch der Ausgang deines lasterhaften Lebens.“[54]

Die in dem Zitat adressierte Person war offenbar Titus Tarquinius, der in der römischen Tradition kaum weniger verhasst war als sein Vater, der letzte römische König Tarquinius Superbus. Der im Titel angesprochene „Simulant“ war zweifellos der Freiheitsheld L. Iunius Brutus, der, wie die Römer sich erzählten, lange den Dummkopf gemimt hatte, was es ihm dann erleichterte, ge-

---

MANUWALD 2011, 113 Anm. 245 weist die im Text beschriebenen Ereignisse den *ludi Apollinares* zu, die vom 6.–13. Quinctilis/Juli stattfanden: Da der Beschluss von Ciceros Rückberufung auf den 4. Sextilis/August datiert ist (Cic. Att. 4,1,4), wäre das unter Einhaltung der vorgeschriebenen Ladungsfrist (*trinundinum* von 17 Tagen, vgl. LINTOTT 1965) noch möglich. Doch steht in Cic. dom. 85, der für Cicero positive Senatsbeschluss über den Dank an alle seine Unterstützer auf dem Weg ins und im Exil sei viel früher als das (Rückberufungs-)Gesetz (*multo ante quam est lata lex*) gefasst worden – das spricht für die Datierung in die Zeit der *Floralia*, vgl. auch STEIN 1930, 32 mit A. 179; TATUM 1999, 181 f. Nach Cic. p. red. in sen. 26 waren bei der positiven Senatssitzung 417 Senatoren anwesend, und nur Clodius habe dagegen gesprochen (letzteres auch bei Cic. p. red. ad quir. 15).

52 Der Prozess gegen Publius Sestius fand in der ersten Märzhälfte 56 v.Chr. statt, vgl. Cic. Q.fr. 2,4,1.

53 Cic. Sest. 117: *quo quidem tempore quid populus Romanus sentire se ostenderet utroque in genere declaratum est: primum cum audito senatus consulto rei ipsi atque absenti senatui plausus est ab universis datus, deinde cum senatoribus singulis spectatum e senatu redeuntibus: cum vero ipse qui ludos faciebat consul adsedit, stantes ei manibus passis gratias agentes et lacrimantes gaudio suam erga me benivolentiam ac misericordiam declararunt. at cum ille furibundus incitata illa sua vaecordi mente venisset, vix se populus Romanus tenuit, vix homines odium suum a corpore eius impuro atque infando represserunt; voces quidem et palmarum intentus et maledictorum clamorem omnes profuderunt.*

54 Cic. Sest. 118: *nam cum ageretur togata 'Simulans', ut opinor, caterva tota clarissima concentione in ore impuri hominis imminens contionata est: huic, Tite, / tua post principia atque exitus vitiosae vitae.* Vgl. TATUM 1999, 181 f.; COURRIER 2014, 793 f. (No. 81).).

gen die Tarquinier vorzugehen. Wie man sieht, hatte das Stück als solches mit dem zeitgenössischen Geschehen nicht das Geringste zu tun,[55] aber wie wir immer wieder hören, war es im römischen Theater durchaus üblich, dass Publikum und Schauspieler einzelne Zeilen aus dem Zusammenhang rissen und auf die aktuelle Situation bezogen, was durch die vom Publikum geforderte, mehrfache Wiederholung unmissverständlich verdeutlicht wurde.[56] Ob auch in diesem Falle wiederholt wurde, wissen wir nicht, aber es ist durchaus wahrscheinlich. Die Reaktion des Betroffenen schildert Cicero wieder klar: Clodius war wie vom Donner gerührt. Er, der in seinen Volksversammlungen gerne auch mal einstudierte Schmähgesänge zum Einsatz brachte, wurde jetzt durch die Worte der Sänger selbst hinausgeworfen.[57]

In dieser Episode vom Jahre 57 v.Chr., die ich ausführlich aus unserer einzigen Quelle, Ciceros Verteidigungsrede für Sestius, referiert habe, haben wir es nicht mit einem, sondern mit zwei invektiven Ereignissen zu tun. Das erste ergab sich, als Clodius ins Theater kam. Uns ist des Öfteren überliefert, dass Senatoren beim Betreten des Theaters vom schon versammelten Publikum mit einer Reaktion bedacht wurden, die normalerweise in Beifallklatschen und/oder positiven Sprechchören bestand, aber gelegentlich auch negativ sein konnte.[58] Cicero schildert nun genüsslich, dass nach der Senatsdebatte, deren Ergebnis, die Unterstützung von Ciceros Rückkehr, schnell ins Theater gemeldet worden war, die allmählich eintreffenden Senatoren begeistert begrüßt wurden, während man Clodius beschimpfte und bedrohte. In den Kategorien der invektiven

55 Die erzählte Zeit lag ca. 450 Jahre zurück, die Zeit des Autors L. Afranius, der etwa in der Zeit von 160 – 120 v.Chr. in Rom wirkte, immerhin ca. 100–70. Vgl. MANUWALD 2011, 263–266 zu Afranius.

56 So auch Cic. Sest. 118: *et quoniam facta mentio est ludorum, ne illud quidem praetermittam, in magna varietate sententiarum numquam ullum fuisse locum, in quo aliquid a poeta dictum cadere in tempus nostrum videretur, quod aut populum universum fugeret aut non exprimeret ipse actor.* Für die Aufforderung an die Schauspieler durch das Publikum, eine Stelle immer wieder zu wiederholen, vgl. z.B. Cic. Att. 2,19,3; Sest. 123. Zum Repertoire der Reaktionsmöglichkeiten des Volkes im Theater und deren Interpretation vgl. etwa FLAIG 1995, 118–124; FLAIG 2003, 237–242; s. auch KINDERMANN 1979, 134 f.

57 Cic. Sest. 118: *sedebat exanimatus, et is qui antea cantorum convicio contiones celebrare suas solebat cantorum ipsorum vocibus eiciebatur.* VANDERBROECK 1987, 246 (B53); 77–81 zieht aus dieser Episode und einigen anderen den Schluss, dass das Theaterpublikum von Leuten dominiert wurde, die zur Unterstützung traditionsorientierter senatorischer Politiker neigten, im Gegensatz zum Verhalten der Menge in den *contiones* des Clodius. Doch scheint es mir problematisch zu sein, Ciceros interessegeleitete Vereinfachungen zu übernehmen.

58 Vgl. etwa Cicero im selben Text, Sest. 117 (s.o. Anm. 53). Vgl. auch Cic. Att. 2,19,2 f.

Triade war also das versammelte Volk der Invektierer, Clodius der Invektierte, und die Angehörigen der Oberschicht, vor allem die Senatoren, bildeten das Publikum, das mit seinen Sympathien weitgehend auf der Seite des Invektierers war, aber wohl nicht in die beleidigenden Sprechchöre eingestimmt haben dürfte. Als sich das Volk wieder ein wenig beruhigt hatte, möglicherweise auf Veranlassung des für die Ordnung zuständigen Spielleiters, des Consuls Lentulus Spinther,[59] konnten die Darbietungen auf der Bühne beginnen. Clodius saß auf einem der für die Senatoren reservierten Stühle. Dann instrumentalisierten die Schauspieler die zitierte Passage und bezogen sie auf Clodius, indem sie sich ihm zuwandten und ihn alle ansahen. Sie waren jetzt die Invektierer, Clodius erneut der Invektierte, und wie so oft, gab die Anschlusskommunikation in Form der Publikumsreaktion den Ausschlag: Indem das versammelte Volk offenkundig begeistert einstimmte, waren die Kräfteverhältnisse klar, und Clodius fühlte sich bloßgestellt und gekränkt und verließ wohl das Theater.[60]

VI. Populararenen

Was erfahren wir durch die skizzierte Episode über die Arena „Theater" in Rom und ihre Regeln? Klar tritt hervor, dass die Rollen in invektiven Konfrontationen wechseln konnten – auch wenn hier der Invektierte zweimal derselbe war, nämlich Clodius. Interessant ist darüber hinaus, dass die Invektierenden – erst die versammelte römische *plebs*, danach die Bühnenakteure – sozial und rechtlich weit unter dem Invektierten angesiedelt sind; dennoch ist der Invektierte nicht in der Lage, spontan etwas dagegenzusetzen – gegen eine lärmende Menge ist in einer Welt ohne Mikrophone sowieso nichts auszurichten, aber vor allem gehört zur Arena „Theater" die Lizenz des *populus*, Sympathie und Antipathie gegenüber einzelnen Mitgliedern der Führungsschicht zu bekunden, und die Lizenz der eigentlich besonders stigmatisierten Bühnenakteure,[61] Verse des

59 Die Spielleitungsfunktion des Consuls ist dezidiert genannt bei Cic. Sest. 117: *cum vero ipse qui ludos faciebat consul adsedit, stantes ei manibus passis gratias agentes et lacrimantes gaudio suam erga me benivolentiam ac misericordiam declararunt.* Vgl. BERNSTEIN 1998, 218. S. auch o. Anm. 53.

60 Ob er wirklich ging, ist nicht völlig sicher, aber ich glaube mit TATUM 1999, 182, dass Ciceros Formulierung: cantorum ipsorum vocibus eiciebatur (Sest. 118), also: „er wurde durch die Stimmen der Sänger selbst herausgeworfen / verjagt", wörtlich zu nehmen ist.

61 Zum Status der Schauspieler vgl. LEPPIN 1992, 71–83.

Stückes so einzusetzen, dass sie vom Publikum zeitgenössisch aktualisiert werden konnten.[62] Diese soziale Inversionslage hinsichtlich invektiver Initiativen teilte das Theater mit anderen Populararenen, in denen eine größere Menge von einfachen Bürgern als Inkarnation des römischen Gemeinwesens präsent war.[63] Nur im Theater war aber die Sitzordnung mit ihren speziellen Plätzen für die Senatoren in der *orchestra* vor der Bühne, den 14 für die Ritter reservierten untersten Stufen des aufsteigenden Theaterbaus und den Plätzen der *plebs* hinter den Rittern schon soweit festgelegt, dass die Versammlung die Gesellschaftsordnung in den Grundzügen abbildete.[64]

Auf den ersten Blick wirkt es sonderbar, dass es in einigen römischen Arenen mehr oder weniger toleriert wurde, dass das Volk Mitglieder der politischen Elite beleidigte, während Beleidigungen in die andere Richtung nicht akzeptiert wurden. Die Oberschichtangehörigen hatten im Theater und auch in den anderen Spielstätten keine Sprecherrolle; selbst hochmögende Senatoren waren darauf reduziert, die Signale des Volkes und die Aktionen der Schauspieler hin-

---

62 Allerdings dürften die Schauspieler dabei auf die Zustimmung des Publikums angewiesen gewesen sein, die sie vor der Rache des Beleidigten bewahrte. Das vorgeführte Beispiel zeigt das besonders deutlich: Zunächst nehmen die Zuschauer aus der *plebs* ganz eindeutig gegen Clodius Partei, und damit können sich die Schauspieler der Unterstützung des Auditoriums für ihre invektive Attacke sicher sein.

63 Hinter der Verwendung von „popular" in diesem Kontext stehen nicht die Popularen, und es soll auch nicht das englische „popular" im Sinne von „populär" oder „volkstümlich" aufgerufen werden, sondern es geht hier nur um den römischen *populus* (siehe die Definitionen im Text). Vgl. zum recht breit gefächerten Bedeutungsfeld des Wortes *popularis* MEIER 1965, 568–572, außerdem ROBB 2010, 69–93, die das gesamte Corpus der lateinischen Literatur der Republik und Kaiserzeit (vom 3. Jahrhundert v.Chr. bis 284 n.Chr., also ohne die Spätantike) mit digitalen Methoden nach dem Wort *popularis* durchsucht und den Wortgebrauch akribisch dokumentiert hat (vgl. den Appendix A. 1, 179–185). Insgesamt gibt es 583 Belege, davon 244 bei Cicero. Die Bedeutung „the whole or a majority of the people", die meinem Gebrauch in dem Terminus „Populararena" am nächsten kommt, ist mit 91 Belegen vertreten, davon sind 48 ciceronisch. In Ciceros Oeuvre liegt die Zahl der Bezeugungen von *popularis* in dieser Bedeutung an der zweiten Stelle und beträgt fast 20 %.

64 Zur Sitzordnung in ciceronischer Zeit vgl. BOLLINGER 1969, 2–8. RAWSON 1987, 94–98 diskutiert die auf Mommsen zurückgehende Vermutung, das Volk könne im Theater nach *tribus* platziert worden sein, also nach den 35 Untereinheiten der Bürgerschaft. Sie hat durchaus Sympathien für diese Deutung (RAWSON 94: „[Mommsen's] view was accepted by Friedlaender and has often been followed since, perhaps rightly"). Doch ist klar, dass sich das aus den uns zur Verfügung stehenden Quellen heraus nicht beweisen lässt. Sollte das zutreffen, dann hätte das Volk im Theater noch stärker die Assoziation mit dem politischen *populus* nahegelegt, traten die Bürger doch nach *tribus* auseinander, wenn sie in den Comitien, den beschließenden Volksversammlungen, zur Abstimmung schritten (allerdings taten sie das auch bei der Musterung und beim Census).

zunehmen, niemand konnte hier das Wort ergreifen und sich bemühen, das Volk zur Raison bringen. Wenn man eingreifen wollte, dann musste der spielleitende Magistrat die Spiele ab- bzw. unterbrechen, und ein Magistrat musste das versammelte Volk zu einer *contio* in der Nähe zusammenrufen, wo er dann versuchen konnte, es zu beruhigen bzw. seine Haltung zu beeinflussen.[65]

Beim näheren Hinsehen fällt aber auf, dass dies nur den Regeln von Populararenen entsprach, womit die Arenen gemeint sind, in denen das Volk als ein Kollektiv präsent war, das als der *populus Romanus* galt. Wenn das Volk durch die Arenenregeln zur Inkarnation des Gemeinwesens wurde, dann durfte es zwar kritisiert, aber nicht massiv beleidigt werden.[66] Das ist in modernen Demokratien auch nicht anders. Allerdings ist es möglich, der Gruppe der Anwesenden abzusprechen, sie sei DAS Volk und damit der Souverän – und heutzutage geschieht das normalerweise mit gutem Grund, denn die Behauptung einer präsenten Menge, sie sei DAS Volk, ist zahlenmäßig immer und hinsichtlich des Meinungsspektrums meistens eine Anmaßung. Jedenfalls sind römische Populararenen im charakterisierten Sinne die Volksversammlungen, das Theater, in dem das Tragen der Toga, der Bürgeruniform, Standard war[67] und so die Assoziation einer Bürgerversammlung verstärkte,[68] und der Wahlkampf mit seinem Ritual, dass die Kandidaten auf dem *forum* herumliefen, wo sie die dort

65 So geschah es offenbar im Jahre 63 v.Chr., als der Spielgeber L. Roscius Otho, der einige Jahre zuvor den Rittern ihre 14 Reihen vor dem Rest der Bürger gesetzlich zuerkannt hatte, von den Rittern begeistert beklatscht, vom Volk aber ausgepfiffen wurde. Der Consul Cicero unterbrach seine Senatssitzung, eilte zum Circus Flaminius, der Spielstätte, und rief die Bürger vor den benachbarten Bellona-Tempel zur *contio*, in der es ihm gelang, die Menge zu beruhigen und sogar – so heißt es – dazu zu bringen, bei der Wiederaufnahme der Spiele im Wettbewerb mit den Rittern dem Roscius Beifall zu spenden. Vgl. Plut. Cic. 13,3 f.; Plin. nat.hist. 7,117. Cicero erwähnt seine Rede unter den consularischen Reden (Cic. Att. 2,1,3) – er muss sie später verschriftlicht haben. Vgl. PARKER 1999, 163 (mit 176 Anm. 2); COURRIER 2014, 779 f. (No. 55).

66 Das lässt sich auch in den *contiones*, den nicht-beschließenden Versammlungen des Volkes, als Standard beobachten, was gelegentliche Entgleisungen nicht ausschloss; vgl. JEHNE 2011.

67 Zur *toga* als Gewand des Bürgers bei offiziellen Anlässen vgl. etwa EDMONDSON 2008, vor allem 23–26.

68 Vgl. etwa PARKER 1999, 163: „The Romans consciously used the theater as an embodiment of Rome". PARKER ebd. verweist auf Ciceros Formulierung: *theatro populoque Romano* (Sest. 116), die klar auf die offizielle Formel *senatus populusque Romanus* (dazu knapp JEHNE 2014, 119 f.) anspielt. Doch hat Cicero in dieser Rede ein besonderes Interesse, die cicerofreundlichen und clodiusfeindlichen Reaktionen des Theaterpublikums als „wahre" Auffassung der römischen Bürgerschaft hinzustellen, vgl. noch Sest. 107; 114; 119; 122; s. auch BOLLINGER 1969, 26 f.; SCHNURR 1992, 156.

anzutreffenden Bürger höflich begrüßten und um ihre Unterstützung baten.[69] In diesen Kontexten mussten die einfachen Bürger stets mit Respekt behandelt werden. Als sich ein Angehöriger der berühmten Familie der Scipionen um die Aedilität bewarb und entsprechend Wahlkampf machte, schüttelte er auch die hornige Hand eines Mannes vom Lande. Dabei erlaubte sich Scipio die Bemerkung: „Pflegst Du auf Deinen Händen zu laufen?" Man kann sich gut vorstellen, dass Scipios vornehme Freunde diesen Witz sehr lustig fanden, aber das Volk tat das nicht. Scipio wurde nicht gewählt.[70]

Warum war es unmöglich, das Volk in Popularарenen zu beleidigen? In anderen Arenen war die Beleidigung des Volkes nicht tabuisiert. Bei Pamphleten, die oft, und Graffiti, die immer anonym waren, ist es nicht überraschend, dass jedermann das Opfer von Schmähungen werden konnte. Senatssitzungen und Bankette waren interne Veranstaltungen der Elite, in denen das Volk gar nicht präsent war – was nicht bedeutet, dass es sich nicht um Arenen mit einer hohen Invektivdichte handelte. Bei den Morgenempfängen der bedeutenderen Senatoren war die Rolle des Invektierers wohl für den Hausherrn reserviert, der seine Gäste z.B. schon dadurch, dass er sie lange warten ließ, demütigen konnte, ohne dass sie es ihm an dieser Stelle heimzahlen konnten.[71] Als Arenen mit breiter Öffentlichkeit und unklarer Rollenverteilung bleiben damit der Circus und die Gerichtsverfahren. Bei letzteren scheint die Situation einer Populararena zu entsprechen, allerdings nur dann, wenn es sich um einen Prozess vor der Volksversammlung handelte, was seit der späten Republik nur noch selten vorkam.[72] Der Normalfall waren Geschworenenprozesse, in denen am Ende eine

69 Für die Struktur und Praxis römischer Wahlkämpfe vgl. jetzt die wohlabgewogene und bestens informierte Zusammenfassung von TATUM 2018, 19–49.

70 Val. Max. 7,5,2: *P. autem Scipio Nasica ... cum aedilitatem curulem adulescens peteret manumque cuiusdam rustico opere duratam more candidatorum tenacius adprehendisset, ioci gratia interrogavit eum num manibus solitus esset ambulare. Quod dictum a circumstantibus exceptum ad populum manavit causamque repulsae Scipioni attulit. Omnes namque rusticae tribus paupertatem sibi ab eo exprobratam iudicantes iram suam adversus contumeliosam eius urbanitatem destrinxerunt.* Vgl. dazu etwa JEHNE 2000, 216 f. mit Anm. 40.

71 Vgl. zur römischen *salutatio* umfassend GOLDBECK 2010.

72 Vgl. aber die Anklage des Clodius gegen Milo im Jahre 56 v.Chr. (vgl. vor allem Cic. Q.fr. 2,3,2; s. auch Cic. fam. 1,5B,1; Sest. 95; Vat. 40 f.; Mil. 40; Asc. p. 48 CLARK; Dio 39,18,1 f.; Schol. Bob. p. 122 STANGL), die – sicherlich wohlkalkuliert – als Volksprozess verhandelt wurde, vermutlich weil Clodius sich von einer abstimmenden Volksversammlung eher eine Verurteilung seines Gegenspielers erhoffte als von einer Oberschichtjury. Vgl. dazu ALEXANDER 1990, 129 Nr. 266; KASTER 2006, 110; TATUM 1999, 201–204.

ganz mit Angehörigen der Oberschichten besetzte Jury über Verurteilung oder Freispruch entschied. Nun sorgte der strukturelle Antagonismus von Anklage und Verteidigung für eine hohe Quote von invektiven Attacken und Gegenattacken, zweifellos zum Vergnügen der Zuhörer, die in großer Menge zu den Prozessen erschienen, wenn bekannte Redner und eine spektakuläre Affäre angekündigt waren.[73] Aber die Bedeutung der Reaktionen des Volkes lag am Ende in seiner formalen Entscheidungsmacht. Wenn, wie in der nachsullanischen Republik üblich, eine Oberschichtjury entschied, dann waren die Zuhörer nur eine Gruppe, die für sich nicht in Anspruch nehmen konnte, das Volk zu sein, das bindende Entschlüsse fasste, und folglich waren ihre Reaktionen nicht unbedingt wesentlich für die Entscheidung der Jury. Selbst bei Versuchen, die Geschworenen durch Gewaltandrohungen unter Druck zu setzen, wie sie Clodius bei seinem Bona Dea-Prozess unternommen haben soll, wurden die Geschworenen und Zeugen durch Sicherheitskräfte abgeschirmt[74] – die versammelte Menge konnte eben in dieser Arena nicht für sich in Anspruch nehmen, der politische *populus Romanus* zu sein. Daher war es einem Redner durchaus möglich, das anwesende Volk in herabsetzender Weise abzuqualifizieren, wenn dessen Äußerungen seinen Zielen zuwiderliefen.[75] Der Beifall des Volkes brachte einem Verteidiger oder Ankläger nicht unbedingt die Mehrheit der Jury.

Eine uneindeutige Arena ist der Circus. Auf den ersten Blick scheinen Zweck und Setting dem Theater ähnlich zu sein, aber tatsächlich ist es nicht so einfach. In dem riesigen Circus hatte nur die Zuschauermenge überhaupt eine Chance, sich verbal bemerkbar zu machen, und zwar in der Form von Sprechchören, also im unisono-Geschrei. Da es keinen Hinweis darauf gibt, dass in der späten Republik Vorschriften existierten, die den Statusgruppen besondere Sitze im Circus zuteilten, können wir nicht mit einer Struktur rechnen, in der die normalen Bürger regelmäßig als zusammengepferchte Einheit beieinander saßen und einzelne Senatoren gezielt adressieren konnten. Die Senatoren wurden

---

73 Vgl. zum Zustrom vor Gericht, für dessen Ergebnis – eine große, um das Tribunal herumstehende Menge – sich der Terminus *corona* findet, vor allem Cic. Brut. 289. Zur Analyse der *corona* vgl. DAVID 1992, 471–474; ROSILLO LÓPEZ 2017; KNOPF 2018, 202–210.

74 S.o. Anm. 29.

75 Ein Beispiel findet sich im Prozess gegen Valerius Flaccus, in dem Cicero über die auf der Gegenseite stehenden Juden herzieht (Cic. Flacc. 66). Diese dürften allerdings ganz überwiegend keine römischen Bürger gewesen sein.

erst im Jahr 26 v.Chr. per Senatsbeschluss in die ersten Reihen versetzt.[76] 5 n.Chr. erfolgte wohl auch eine Privilegierung der Ritter, die allerdings nicht von langer Dauer gewesen sein kann: Erst 63 erkannte ihnen Nero eine feste Sektion zu, was sogar Umbauten erforderte.[77] Doch selbst wenn sich die Besucher gerne mit denen zusammengetan haben sollten, die auf der gleichen sozialen Stufe standen, und auch wenn die regelmäßigen Besucher dazu tendiert haben mögen, sich immer wieder auf dieselben Sitze zu setzen, so dass durch die repetitive Praxis so etwas wie Stammplätze entstanden, selbst dann gab es im Circus noch die Besonderheit, dass die unterschiedlichen Rennställe, wenigstens die der „Grünen" und die der „Blauen", feste Anhängerschaften besaßen, die sog. Circusparteien, die im kommunikativen Geschehen in dieser Arena gewiss eine große Rolle spielten, auch wenn ihre Dominanz wohl erst eine spätantike Entwicklung darstellt.[78] Ihre Kommunikation war zwar extrem kom-

---

76 Nach Suet. Aug. 44,1 wurde in der augusteischen Zeit per Senatsbeschluss festgelegt, dass bei allen *spectacula* unabhängig davon, wo sie stattfanden, den Senatoren die ersten Reihen reserviert werden mussten – das betraf natürlich auch den Circus. Den Senatsbeschluss (dem möglicherweise ein Gesetz folgte) datiert Dio 53,25,1 ins Jahr 26 v.Chr. Da sich die senatorische Privilegierung durch das Gesetz von 194 v.Chr., nur auf das Theater bezog und wir für die republikanische Zeit nichts von einer Ausweitung auf andere Spielstätten hören, ist anzunehmen, dass es ein solches Privileg für den Circus vor der oben genannten Regelung nicht gegeben hat; vgl. etwa EDMONDSON 2002, 11; 18. RAWSON 1987, 112 f. verweist auf die Eingriffe von Claudius und Nero in die Sitzordnung des Circus und zieht daraus den Schluss, dass im Circus noch lange viele Freiheiten bestanden hatten. Claudius soll eine schon bestehende Tradition, dass Senatoren, Ritter und die *plebs* jeweils beieinander saßen, durch Zuweisung fester Sitzzonen formalisiert haben, es aber erlaubt haben, dass man auch woanders Platz nahm als in seiner Zone (Dio 60,7,3 f.; s. aber Suet. Claud. 21,3, wonach die Senatoren sogar *promiscue*, also eigentlich mit anderen gemischt, gesessen hatten und jetzt von Claudius *propria loca*, also eigene Plätze, bekamen). So könnte auch erklärbar sein, dass der Senator Tacitus einmal neben einem ihm unbekannten Ritter saß (Plin. ep. 9,23,2). Neros Eingriffe (s.u. Anm. 77) deuten darauf hin, dass Claudius noch nicht alles klar festgelegt hatte oder dass seine Regelungen in der Zwischenzeit wieder verwässert worden waren.

77 Zum Senatsbeschluss zur Privilegierung der Ritter 5 n.Chr.: Dio 55,22,4. Da aber Tac. ann. 15,32 darlegt, bis zu Neros Eingreifen hätten die Ritter keine eigene Sitzzone besessen, da das Gesetz des Roscius nur die 14 Reihen im Theater festgelegt habe (vgl. Suet. Nero 11,1: Nero gab den Rittern Sitze, die von den übrigen getrennt waren; s. auch Plin. n.h. 8,21), dürfte der Beschluss in augusteischer Zeit nur kurz Bestand gehabt haben – wenn überhaupt. Für eine kurze Zusammenfassung der Entwicklung der Strukturierung von Sitzzonen im Circus vgl. EDMONDSON 2002, 18.

78 Aus der Beobachtung, dass die beiden weiteren Rennställe der „Roten" und der „Weißen" im Zusammenhang mit Aktivitäten des Publikums gar nicht genannt werden, zieht CAMERON 1976, 45–56 den Schluss, dass es zwar mindestens seit der späten Republik vier Rennställe gab, aber dass nur zwei davon, nämlich die „Grünen" und die „Blauen", wachsende Fangruppen ausbildeten,

petitiv und invektiv, aber vermutlich stand die Tatsache, dass diese Fan-Gruppen sozial inhomogen waren, einer eindeutigen Parteinahme in politischen Fragen im Wege.[79] Die soziale Mischung, die in Rom eher ungewöhnlich war, beeinträchtigte die gemeinsame Aktionsfähigkeit nicht, solange die Parteien sich darauf konzentrierten, den eigenen Rennstall und dessen Wagenlenker bedingungslos zu unterstützen und die anderen Teams leidenschaftlich zu hassen. Die Fankultur der Circusparteien ist ein interessantes Element der Invektivität, aber es ist etwas anderes als die Kollektivaktionen des populus in anderen Arenen.

In den Populararenen handelten die versammelten Bürger als politischer *populus*, und als solcher hatten sie einen Anspruch auf Respekt und Anerkennung als die Institution, deren Entscheidungen bindend waren.[80] Die zunehmend rechtlich formalisierte Sitzordnung im Theater[81] war es möglicherweise, die diese Kommunikationsarena in einen politischen Raum transformierte;[82] denn nur mit der räumlichen Abbildung der sozialen Hierarchie wurden die Bürger unterhalb der höheren Stände eine identifizierbare Einheit. Das Theater gab, vergleichbar den *contiones*, Raum für Dissensbekundungen und war damit eine Arena politischer Partizipation.[83]

---

die dann im 5. Jahrhundert als Akteure auch in politischen Kontexten eine Rolle spielten. Aber wohl nicht früher! CAMERON 1976, 193 fasst die Quellenbefunde so zusammen: vom späten 5. Jahrhundert an wird praktisch jede Demonstration und jeder Aufruhr im Circus (inzwischen aber auch im Theater oder Amphitheater) den „Blauen“ oder den „Grünen“ zugeschrieben, während alle früheren Aktionen dieser Art nie mit den Circusparteien verbunden werden.

79 Auch Kaiser pflegten glühende Anhänger einer Circuspartei zu sein, der „Grünen“ oder der „Blauen“. Vgl. die Auflistung der bekannten Parteilichkeiten von Kaisern aus der frühen und hohen Kaiserzeit bei CAMERON 1976, 54 mit Anm. 2. Der früheste Kaiser, für den eine Parteinahme überliefert ist, ist Caligula (Suet. Cal. 55,2; Dio 59,14,6).

80 Zum Volk als Letztentscheidungsinstanz Cic. leg.agr. 2,16; 62; vgl. dazu u.a. JEHNE 2014, 129.

81 Augustus hat die Sitzordnungen vor allem im Theater ausdifferenziert (Suet. Aug. 44), aber es ist uns nicht dezidiert überliefert, ob die *lex Iulia theatralis* (so benannt bei Plin. n.h. 33,32) tatsächlich von ihm stammt. Es spricht aber alles dafür, vgl. nur RAWSON 1987, 86 mit Anm. 13; FERRARY 2012, 580 mit Anm. 49.

82 TIERSCH 2013, 207 f. vermutet, die invektiven Attacken des versammelten Volkes gegen Senatoren im Theater hätten überhaupt erst in den letzten Jahren der Republik begonnen. Nun wissen wir nicht, ob es sich nicht nur um eine Überlieferungslücke handelt, dass wir vor den 60er Jahren des 1. Jahrhunderts v.Chr. keine Beispiele haben; aber sollte TIERSCHs Vermutung richtig sein, dann wäre es möglich, dass die kollektiven Meinungsäußerungen im Theater erst nach der *lex Roscia theatralis* des Jahres 67 v.Chr. einsetzten, also erst nachdem nicht nur die Senatoren, sondern auch die Ritter separat platziert waren und das normale Volk, das in sich natürlich durchaus nicht homogen war, in der cavea beieinander saß und leichter so etwas wie ein „Wir-Gefühl“ entwickeln konnte.

83 Vgl. FLAIG 1995, 124 f. Vgl. auch RUSSELL 2016, 170: “Perhaps the theatre was the most public space of all.”

Wenn man im Theater verbal geschmäht und ausgepfiffen wurde, war das eine Beleidigung, die schmerzte, zumal man keine Chance hatte, es dem kollektiven Invektierer, den Zuschauern, sofort heimzuzahlen und auch nicht den Senatskollegen, die die Demütigung eines Konkurrenten offen oder heimlich genossen. Zweifellos fühlte Clodius bei seinem Theaterbesuch im Jahre 57 das, was in den Quellen manchmal als dolor oder dolor animi bezeichnet wird, den seelischen Schmerz als Folge von Erniedrigung, eine Emotion, die für eine Weile anhält und vielleicht sogar für immer als eine Kränkung, die Sehnsucht nach Rache erzeugt.[84] Es war schon aus technischen Gründen nicht möglich, gegen das Volk einen Gegenschlag zu führen, denn ein einzelner Mann konnte sich in einem großen Auditorium gegen eine schreiende Menge nicht verständlich machen, aber auch aus praktischen Gründen, da die Menge eine anonyme Masse war, und zudem aus prinzipiellen Gründen, weil es sich um die Letztentscheidungsinstitution des Gemeinwesens handelte. So musste ein römischer Senator mit öffentlichen Beleidigungen durch den *populus Romanus* einfach leben, aber nicht notwendigerweise mit Herabsetzungen durch andere Senatoren. Wenn die Beleidiger Individuen sind oder wenn sich die Quelle der Schmähung wenigstens individualisieren lässt, dann steht das Tor offen für künftige Rache, die stets besser funktioniert, wenn ein klar identifizierbares Angriffsziel existiert.[85]

In seiner Rede „Über das Gutachten der Opferbeschauer" bezeichnet Cicero die berühmten, im Konflikt mit vielen Senatoren am Ende zu Tode gekommenen Volkstribunen Ti. Gracchus, C. Gracchus und Appuleius Saturninus als Männer, deren Handeln der *res publica* zwar schadete, die aber nachvollziehbare Gründe hatten, *dolor* zu empfinden und auf Rache an Senatoren oder auch an dem Senat als Ganzem zu sinnen – ganz im Gegensatz zu Ciceros Feind Clodius natürlich, dem er jede Berechtigung absprach, sich gekränkt zu fühlen.[86] Diese Passage sagt uns etwas über die Rolle von Erniedrigungen im öffentlichen römischen Diskurs. Cicero präsentiert einige der schwersten Krisen des Gemeinwesens als Folgen öffentlicher Demütigungen. Er hätte das nicht getan, wenn er das nicht für eine akzeptable Argumentation gehalten hätte. Und er wusste aus

---

84 Zu *dolor* vgl. TATUM 1999, 88; 98 f.

85 Vgl. den (angeblichen?) Ausspruch des Kaisers Caligula, Suet. Cal. 30: *utinam p.R. unam cervicem haberet!* (oh wenn das römische Volk doch nur einen Hals hätte!).

86 Cic. har.resp. 43 f.

schmerzlicher Erfahrung, dass es selbst für einen Consular, der ja der obersten Rangklasse des Senats angehörte, gefährlich sein konnte, ein Mitglied der römischen Elite zu schmähen. Die Rachekampagne des Clodius gegen Cicero war losgetreten worden durch Ciceros Zeugenaussage in Clodius' Prozess und die begleitenden Schmähungen. Wir müssen mit Beleidigung und Rache als wichtigen Motiven für politische Konflikte in Rom und den daraus hervorgehenden Wandel rechnen – aber auch mit Versöhnung und wirksamer Kalmierung.

VII. Kaiserzeitliche Veränderungen der Kommunikation in Invektivarenen

Veränderten sich die Regeln und verschoben sich die Schwellen in römischen Kommunikationsarenen, als Rom von einem Alleinherrscher dominiert wurde? Wie wirkte der Kaiser auf Invektivität durch seine schiere Existenz und durch sein aktives Handeln ein? Es ist eine naheliegende Vermutung, dass eine dramatische Verschiebung der Machtverhältnisse die politische Interaktion nicht unbeeinflusst lässt, und das bestätigt uns Asinius Pollio in wünschenswerter Deutlichkeit. Der angesehene Senator und Schriftsteller wurde von Octavian, als der noch nicht Alleinherrscher, aber schon Triumvir war, in einer Schmähschrift attackiert, und in der Republik wäre eine ebenso massive schriftliche Antwort erwartbar gewesen. Doch Asinius soll sich nur folgendermaßen geäußert haben: *at ego taceo. non est enim facile in eum scribere, qui potest proscribere.*[87] Das lateinische Wortspiel – mit *scribere* = „schreiben" und *proscribere* = „auf die öffentliche Liste der Verbrecher schreiben, die straflos getötet werden können" – lässt sich auf Deutsch nicht vergleichbar wiedergeben. Die Übersetzung des Ausspruchs von Pollio klingt daher banaler: „Aber ich schweige. Denn es ist nicht leicht, gegen den zu schreiben, der (einen) auf die Todesliste setzen kann."

Im römischen Theater könnten sich die Invektivrisiken für die Mächtigen verringert haben. Die Macht des Kaisers war in einem beträchtlichen Maße

87 Macr. Sat. 2,4,21: *temporibus triumviralibus Pollio, cum Fescenninos in eum Augustus scripsisset, ait: At ego taceo. Non est enim facile in eum scribere qui potest proscribere.* Vgl. dazu PEACHIN 2007, 118 f.; HAWKINS 2017, 129; 130 f.; 132; 136; 148. HAWKINS 132 ist der Auffassung, Pollio spiele auf die Konfiskationen als Konsequenz von Proscriptionen an, doch meiner Meinung nach ging Pollios Anspielung noch weiter: Proscribierte durften und sollten getötet werden, und die meisten wurden es auch.

eine Zuschreibung – wie es in hierarchischen Machtstrukturen immer der Fall ist. Da man den Kaiser für äußerst mächtig hielt, war er äußerst mächtig, denn seine Untertanen bemühten sich, mit seiner Macht nicht in Konflikt zu geraten, und passten sich daher eilfertig an seinen vermuteten Willen an. Dadurch erhöhte sich die Schwelle für eine Beleidigung des Kaisers erheblich. Im 2. Jahrhundert behauptet Epiktet, ein Soldat habe sich in Zivilkleidung unter die Zuschauer gemischt und seinen Nachbarn durch freche Reden über den Kaiser dazu verführt, es ihm gleichzutun – woraufhin er ihn gleich habe verhaften lassen.[88] Ob sich das kaiserliche Personal tatsächlich in größerem Umfang damit beschäftigte, Bürger zur Schmähung des Kaisers zu veranlassen, kann man bezweifeln, aber selbstverständlich konnte ein Römer wegen Beleidigung des Kaisers belangt werden. Bezeichnend ist an dieser Episode, dass hier ein einzelner den Kaiser beleidigte. Es war eben nicht das Volk als kollektiver *populus Romanus*, sondern ein benennbares Individuum, das gegen die *maiestas* des Kaisers verstieß, und das war unstrittig strafbar.

In die Triumviratszeit gehört ein Ereignis im Theater, als das versammelte Publikum die Zeile eines Schauspiels, die einen das runde Tympanon mit dem Finger schlagenden Priester der Magna Mater beschrieb, mit großem Beifall quittierte und dabei offensichtlich die Worte so umdeutete, dass sie zu einer schweren Beleidigung Octavians wurden. Der Text sollte in dem Stück eigentlich folgendes ausdrücken: „Siehst Du, wie der *cinaedus* mit dem Finger die Handtrommel in den richtigen Takt bringt?" In der Interpretation des Publikums wurde diese Äußerung aber so aufgefasst: „Siehst Du, wie der *cinaedus* mit dem Finger die Welt regiert?"[89] Neben dem Vorwurf, ein Alleinherrscher zu sein, was Octavian nicht gefallen haben kann, ist die Bezeichnung „*cinaedus*" in Rom stets eine besondere Beleidigung, steht sie doch für einen sexversessenen, unmännlichen Mann, dem eine passive Rolle beim Geschlechtsverkehr mit Männern und Frauen unterstellt wird.[90] Sex war für die Römer ein hierarchisches Machtspiel, in dem für einen ‚echten Mann' nur die Rolle des Penetrierers in Frage kam, während die Rolle des Penetrierten als erniedrigend und durch und

88 Epikt. disc. 4,13,5. Vgl. dazu BINGHAM 2013, 79; 104.

89 Suet. Aug. 68: *sed et populus quondam universus ludorum die et accepit in contumeliam eius et adsensu maximo conprobavit versum in scaena pronuntiatum de gallo Matris Deum tympanizante: "Videsne, ut cinaedus orbem digito temperat?"* Für einen Kommentar zu dem Kapitel vgl. WARDLE 2014, 436–440.

90 Vgl. etwa MEYER-ZWIFFELHOFFER 1995, 88 f.; CORBEILL 1996, 136 f.

durch schändlich bewertet wurde. Dass in diesem Falle der *cinaedus* durch einen effeminierten, oft sogar kastrierten Helfer der Magna Mater repräsentiert war, machte die Beleidigung, als die Sueton diese Attacke ausdrücklich bezeichnet (*contumelia*), für Octavian umso schlimmer. Wie reagierte er darauf? Mehr als das oben Referierte wissen wir nicht über den Vorfall, aber wenn Octavian das versammelte Volk durch den Einsatz von Soldaten zur Raison gebracht hätte, dann können wir eher damit rechnen, dass es ein solcher Verstoß gegen die Arenaregeln in unsere Überlieferung geschafft hätte. Octavian dürfte notgedrungen den Insult hingenommen und die Rolle des Volkes in der Populararena „Theater" akzeptiert haben, so wie es auch sonst in der frühen Kaiserzeit üblich war.[91]

Ein wichtiges Element zur Rechtfertigung der kaiserlichen Stellung lag seit den Anfängen in der Kapazität zur Herstellung und Bewahrung von Ordnung, und Aufruhr im Theater und die Beleidigung von Senatoren passte nicht gut zu dieser Erwartung. Folglich musste der Kaiser auf respektvoller Kommunikation in der Öffentlichkeit zwischen den Hauptgruppen des Gemeinwesens bestehen. Somit stieg für Beleidiger wohl die Furcht vor unangenehmen Konsequenzen an. Doch verschwanden die invektiven Attacken keineswegs aus den Arenen. Bezeichnenderweise schrieb Seneca in den 60er Jahren des 1. Jahrhunderts n.Chr., dass man sich als Senator nach wie vor darauf einstellen sollte, die öffentlichen Schmähungen und die in Volksversammlung und Senat erlittenen Beleidigungen mit Gleichmut zu ertragen.[92] Soviel scheint sich für die Senatoren nicht geändert zu haben.

In der Kaiserzeit waren Truppen präsent bei den Spielen, aber wir wissen nicht genau, seit wann und wie systematisch sie dort eingesetzt wurden.[93] Die ersten Einheiten waren wohl Leibwachen von Alleinherrschern – zumindest ist dies für den Konflikt bei Caesars Triumphspielen 46 v.Chr. die wahrscheinliche Deutung.[94] Es gab damals einige Kritik daran, dass Caesar für seine Triumphe und Spiele solche Unsummen verschleuderte. Ein besonderer Stein des

91 Siehe die Überblicke über die Vorfälle im Theater vor allem in der frühen Kaiserzeit bei CAMERON 1976, 157–167; TIERSCH 2013, 216–221.

92 Sen. de ira 2,25,4: *feret iste aequo animo civile convicium et ingesta in contione curiave maledicta, cuius aures tracti subsellii stridor offendit?*

93 Vgl. dazu bes. BINGHAM 1999; BINGHAM 2013, bes. 101–105.

94 Dio 43,24,2–4.

Anstoßes waren Sonnensegel aus Seide, mit denen die Zuschauer gegen die Hitze abgeschirmt wurden. Die Bürger sollen notgedrungen stillgehalten haben, aber Soldaten wurden aufsässig und protestierten. Nachdem sich die Lage nicht schnell wieder beruhigte, tauchte Caesar plötzlich auf, griff einen Störer persönlich und ließ ihn hinrichten, und zwei weitere wurden in einem rituellen Akt auf dem Marsfeld getötet. Zweifellos sind Caesars Aktionen nicht vorstellbar, ohne dass er seinerseits von einer ihm treu ergebenen Formation von Soldaten begleitet wurde, die man am ehesten mit seiner Leibwache identifizieren kann.[95] Darüber hinaus ist hier eine Exekution der Arenenregeln zu erkennen. Die Soldaten hatten keineswegs das Recht, das in den Spielarenen anwesende Volk zu beleidigen, indem sie es der von Caesar bereitgestellten, äußerst luxuriösen Ausstattung der Spiele für unwürdig erklärten. Gerade im Theater war es die Aufgabe des Spielgebers Caesar, die Störer zur Raison zu bringen, da das in einer solchen Populararena anwesende Volk eine Art von Inkarnation des politischen *populus Romanus* darstellte, der nicht herabgesetzt werden durfte.[96]

Octavian hatte Ende der 40er oder Anfang der 30er Jahre ein ähnliches Disziplinarproblem.[97] Sueton und Appian berichten uns, dass sich ein einfacher Soldat, nachdem er anderswo keinen Platz im Theater gefunden hatte, einfach in die 14 Reihen gesetzt hatte, die seit dem Jahre 67 v.Chr. gesetzlich für die An-

95 Caesar besaß eine spanische Leibwache (Suet. Iul. 86,1; App. b.c. 2,109 [455]), die er aber Ende 45 oder Anfang 44 entließ. Die ihm angeblich angebotene Leibwache aus Senatoren und Rittern akzeptierte er nicht, vgl. DOBESCH 1971. SPEIDEL 1994, 14 f. vermutet eine Leibgarde aus germanischen Reitern, die Caesar schon früh im Gallischen Krieg rekrutiert habe (Caes. b.G. 7,13,1), vgl. auch SABLAYROLLES 2001, 135; BINGHAM 2013, 16. Diese Reiter hätten ihn auch noch im Bürgerkrieg begleitet und seien dann von Octavian übernommen worden. Doch scheint es sich hier um eine besondere Truppe gehandelt zu haben, die Caesar auf seinen Feldzügen absicherte, nicht aber um echte Bodyguards, die auch in Rom bei zivilen Veranstaltungen seinen Schutz übernommen hätten. Dass es vor allem in Bürgerkriegszeiten verbreitet war, dass sich römische Kommandeure mit einer Leibwache aus Nicht-Römern umgaben, dürfte daran gelegen haben, dass sie sich so sicherer fühlten als mit römischen Soldaten, die jederzeit die Seite wechseln und immer noch behaupten konnten, sie würden die *res publica* verteidigen; vgl. BELLEN 1981, 20 f.

96 Dio 43,24,2–4 macht nicht deutlich, wo sich das Eingreifen Caesars genau abspielte; doch auch wenn es außerhalb des Theaters stattgefunden haben sollte, ging es immer noch um die Stellung des Volkes im Theater.

97 BINGHAM 1999, 370 datiert auf 41/40 v.Chr., doch nach App. b.c. 5,15 (61) gehört das Ereignis in die Zeit, in der das auf fünf Jahre abgeschlossene Triumvirat auf sein Ende zuging, was eher auf eine Datierung näher am Ende der bis zum 31. Dezember 38 v.Chr. reichenden Ermächtigung der Triumvirn hindeutet. Doch die interne Chronologie in Appians 5. Buch – nach der Schlacht von Philippi (42), vor dem Ausbruch des Perusinischen Kriegs (41) – unterstützt BINGHAM.

gehörigen des Ritterstandes reserviert waren.[98] Octavian befahl ihm durch einen Amtsdiener, den Sitz sofort zu räumen. Als das Gerücht aufkam, er habe den Soldaten foltern und töten lassen, wäre er fast von einem wütenden Haufen von Soldaten umgebracht worden, wenn nicht das vermeintliche Opfer plötzlich unversehrt aufgetaucht wäre.[99] Diese Ereignisse scheinen sich tatsächlich in kurzer Folge im Theater abgespielt zu haben,[100] aber die Angriffsbereitschaft der Soldaten legt es nicht nahe, sie mit Octavians Leibgarde zu identifizieren. Doch ebensowenig scheint hier schon eine Truppe mit der Aufgabe betraut worden zu sein, für Sicherheit bei den Spielen zu sorgen – zumindest hätte sie dann genau das Gegenteil getan, nämlich selbst die Initiative zum Einsatz physischer Gewalt ergriffen. Am einfachsten scheint die Deutung, dass hier Soldaten als Zuschauer den Spielen beiwohnten und dann für einen Kameraden Partei ergriffen. Jedenfalls gibt die Episode einen Hinweis darauf, dass militärische Präsenz in Rom in den wilden Zeiten des Triumvirats wohl nicht ungewöhnlich war, was das Verhalten der Bürger auch im Theater beeinflusst haben dürfte.[101]

Doch insgesamt blieb Octavian auch nach dem finalen Erfolg über seinen letzten Rivalen Antonius vorsichtig, was die Stationierung von Truppen in der Hauptstadt anging, und das dürfte auch die Spiele betroffen haben. Die Praetorianercohorten, die aus der Bedeckungsmannschaft des Feldherrn hervorgegangen waren und damit aus Einheiten, die im Inneren Roms eigentlich nichts zu suchen hatten, wurden zwar auch nach der offiziellen Deklaration des Bürgerkriegsendes nicht entlassen, doch gab es kein offizielles Lager in Rom, sondern sie wurden zum Teil verstreut untergebracht und größtenteils außerhalb Roms stationiert. Auch die *cohortes urbanae* wurden zwar unter Augustus geschaffen, aber wann das war und welche Aufgaben sie genau hatten, bleibt unklar. Die *vigiles*, die kasernierte Feuerwehr, die etwa 6 v.Chr. eingeführt wurde, war schon deshalb als Leibwache und Sicherheitstruppe bei den Spielen unge-

98 Zur *lex Roscia theatralis* des Jahres 67 v.Chr. vgl. die Belege bei ROTONDI 1966, 374 f.

99 Suet. Aug. 14: *nam cum spectaculo ludorum gregarium militem in quattuordecim ordinibus sedentem excitari per apparitorem iussisset, rumore ab obtrectatoribus dilato quasi eundem mox et discruciatum necasset, minimum afuit quin periret concursu et indignatione turbae militaris.* Vgl. App. b.c. 5,15 (62 f.).

100 So jedenfalls nach App. b.c. 5,15 (62; 64); bei Suet. Aug 14 (s.o. Anm. 99) ist das nicht klar. Vgl. BINGHAM 1999, 370; BINGHAM 2013, 14; LOUIS 2010, 149 f.; WARDLE 2014, 136.

101 Da die wichtigsten Spielstätten wie das Pompeius-Theater, der Circus Flaminius, der Circus Maximus außerhalb des *pomerium* lagen, der geheiligten Grenze zum Stadtkern, in dem nach alter Tradition keine Soldaten präsent sein durften, wurde diese Regel der Entmilitarisierung *infra pomerium* durch eine Truppe bei den Spielen wohl zumeist nicht verletzt.

eignet, weil sie aus Freigelassenen bestand, die als Ordnungshüter gegen freigeborene Bürger nicht überzeugend waren.[102] Wir wissen nicht so recht, ob wir mit einer gewissen Bedeckungsmannschaft des ersten Princeps auch bei den Spielen rechnen sollten – die Zeugnisse sind nicht klar.[103] Unter seinem Nachfolger Tiberius wird die Überlieferung eindeutig. Schon die Spiele zu Ehren des verstorbenen Augustus wurden durch Rivalitäten der Anhängergruppen von Schauspielern gestört, und im Jahr 15 n.Chr. kam es dann zu schweren Unruhen im Theater, bei denen Zuschauer ebenso wie mehrere Soldaten, darunter ein Centurio, ums Leben kamen und sogar ein Gardetribun verletzt wurde, als er sich um den Schutz der Magistrate bemühte.[104] Für die weitere Kaiserzeit sind uns immer wieder einmal Tumulte vor allem im Theater, aber gelegentlich auch an anderen Spielstätten überliefert, die mit Beleidigungen und auch des Öfteren mit physischer Gewalt einhergingen, und das trotz der Anwesenheit von Soldaten.[105]

In der Kaiserzeit wurden die Auseinandersetzungen der Senatoren im Senat nicht höflicher, sondern hier hagelte es invektive Attacken wie eh und je.[106] Im Theater hatte sich offenbar ein wenig politisches Konfliktfeld kräftig ausgeweitet, nämlich die Anhängerschaft an bestimmte Schauspieler, die zu fanatischen Rivalitäten führten, in denen sich die jeweiligen „Fans" gerne gegenseitig verprügelten.[107] Die Schmähung von Senatoren und sogar des Kaisers blieb Teil der möglichen Kommunikationsformen in der Arena „Theater", die im übrigen der

---

102 Vgl. den luziden Überblick von SABLAYROLLES 2001, 130–138 über die vorsichtige Politik des Augustus hinsichtlich der Stationierung von Truppen in Rom; speziell für die Praetorianergarde KEPPIE 1996, 102–107; zur allmählichen Entwicklung einer Sicherungstruppe bei Spielen BINGHAM 2013, 100–105.

103 BINGHAM 1999, 370 f. vertritt die Ansicht, Augustus sei regelmäßig mit Praetorianern bei den Spielen erschienen und habe diese auch als Security eingesetzt, aber sie gesteht zu, dass sich das aus den Quellen nicht sicher entnehmen lässt.

104 Tac. ann. 1,77,1. Vgl. CAMERON 1976, 223; NIPPEL 1995, 93 f.; BINGHAM 1999, 372; BINGHAM 2013, 101 f. Besonders zu den Unruhen unter Augustus und Tiberius JORY 1984; SLATER 1994, 122–128.

105 Vgl. für die frühe Kaiserzeit die Übersicht von BINGHAM 1999, passim; BINGHAM 2013, 101–105 (unter dem Aspekt des Einsatzes von Militär als Sicherheitsmannschaft bei den Spielen); ausführlicher über oft invektive Kommunikation in den Spielstätten (nebst republikanischen Vorläufern) CAMERON 1976, 157–192.

106 Für einige Beispiele und allgemeine Überlegungen vgl. TALBERT 1984, 270–273.

107 Diese Entwicklung war mit der Einführung der Pantomime unter Augustus wohl noch einmal wesentlich verstärkt worden. Vgl. dazu LEPPIN 1992, 151–154; BEACHAM 1999, 141–146.

unruhigste Spielort gewesen zu sein scheint.[108] Zweifellos wirkte die Präsenz von Militär einschüchternd, doch hieß das eben nicht, dass es in den Spielstätten stets ruhig zuging. Selbst wenn die Menge der invektiven Zwischenfälle in der Kaiserzeit abgenommen haben sollte, verschwanden die beleidigenden Sprechchöre keineswegs aus dem Repertoire. Auch der Kaiser hatte das politische Volk als Kerngruppe der römischen *res publica* zu respektieren, daher konnte er dessen Willensbekundungen und Meinungen nicht völlig ignorieren oder generell verdammen.

VIII. Resümee

Invektivität als eine Grundströmung, welche die komplexe und variantenreiche Gesamtheit der Beleidigungen und Herabsetzungen in menschlichen Gesellschaften umfasst, stellt uns eine besondere Perspektive bereit, mit der wir auf Konflikte, ihre Vorgeschichte, ihren Ausbruch und die Kaskaden der zwischen Eskalation und Eindämmung wechselnden Reaktionen schauen können. Wir können invektive Kommunikation als die Überschreitung einer Schwelle beschreiben, die zwischen dem Feld der unanstößigen Kommunikation und dem der anstößigen, weil verletzenden liegt, in der üblicherweise starke Emotionen hervorgerufen und unkalkulierbare Eskalationen losgetreten werden. Das Invektive wird in kommunikativen Prozessen erzeugt und ist und bleibt Teil des Lebens, was bedeutet, dass man es nicht einfach generell abschaffen kann. Interessanter als solch allgemeine Reflexionen ist für Historiker/innen allerdings die Frage: Gibt es etwas, was wir, wenn wir uns mit politischer Kommunikation

108 Im Colosseum, dem von den Flaviern errichteten Amphitheater, gab es nach unserer Überlieferung niemals Unruhen – so jedenfalls SCOBIE 1988, 207; 219; FLAIG 1992, 52 f. CAMERON 1976, 225 hebt hervor, dass es keine Nachrichten gibt über Hooliganismus von Circusparteien in der frühen Kaiserzeit. TIERSCH 2013, 213 fasst zusammen, dass „öffentliche Meinungsäußerungen nur im Theater, nie im Zirkus oder Amphitheater stattfanden", doch geht das zu weit; es gab durchaus Parteinahmen und sachbezogene Stellungnahmen des Publikums im Circus, aber eben in der frühen Kaiserzeit keine Gewaltausbrüche. Dass wir im Vergleich mit späteren Zeiten nur von einer verhältnismäßig geringen Menge von massiveren Auseinandersetzungen in den römischen Spielstätten während der frühen Kaiserzeit wissen, muss nicht unbedingt die historische Realität adäquat widerspiegeln, sondern kann durchaus ein Produkt der unterschiedlichen Schwerpunkte unserer Quellen sein, vgl. dazu CAMERON 1976, 184 f.

in Rom beschäftigen, möglicherweise besser verstehen, wenn wir einen Fokus auf Invektivität legen? Wie ich zu zeigen versucht habe, sehe ich gute Gründe für Optimismus in dieser Hinsicht. Es hilft uns bei der Analyse von römischer Politik, wenn wir fragen, warum die Lizenz zu beleidigen nicht immer mit der Hierarchie von Einfluss und Autorität zusammenfiel, warum – um zu unzulässigen modernen Termini zu greifen – die ‚Repräsentanten' Beleidigungen ertragen mussten, aber der ‚Souverän' nicht, wie wichtig personalisierter Groll und Rache für die römische Politik waren, wie nach invektiven Auseinandersetzungen die Wogen wieder geglättet wurden, wie die Kommunikation in den Arenen unterschiedlich geformt war, wie die Monarchie das kommunikative Verhalten umformte, usw. Darüber hinaus soll ein letzter Punkt wenigstens hier, am Ende, angesprochen werden: Es sollte gefragt werden, ob die römische Kultur eine Kultur mit hoher Invektivrate war im Vergleich mit anderen und, wenn ja, ob das eigentlich heißt, dass die römische Kultur robuster im Umgang mit Kränkungen war als Kulturen mit niedriger Invektivrate.

Die römischen Arenen waren so strukturiert, dass vor allem Senatoren Opfer von Schmähungen und Herabsetzungen wurden. Ob Theater, Volksversammlung, Senat, Gericht – die Invektierten waren fast immer Senatoren, und das ist nicht nur eine Verzerrung unserer oberschichtlastigen Quellen. Das war der Preis der Sichtbarkeit in einem System, in dem die Politik öffentlich, das Volk beteiligt, jede Führungsposition nur kurzzeitig besetzt und die Konkurrenz hart und immerwährend war. In den verbalen Auseinandersetzungen wurde mit harten Bandagen gekämpft. Man hatte seinen Spaß daran, wenn man andere erfolgreich herabgesetzt hatte, indem man das Publikum auf seine Seite zog. Solche Formen der Überflügelungswettkämpfe waren ein Kernbestandteil römischer *urbanitas*, d.h. des schnellen, rücksichtslosen und demütigenden Witzes der Städter, die dies mit Stolz als ein Zeichen der Überlegenheit über die biederen Landbewohner ansahen.[109] Aber man musste darauf gefasst sein, auch das Opfer

---

109 Vgl. Schol. Bob. p. 159 STANGL (im Kommentar zu Cic. Planc. 35): *sales urbanitatis* (das Salz der *urbanitas* – hier steht das Salz im Plural). Cic. Cael. 38: *in tam maledica civitate* (in einer dermaßen schmähsüchtigen Stadt [bzw. Bürgerschaft]). Vgl. bes. Cael. 6: *maledictio autem nihil habet propositi praeter contumeliam quae si petulantius iactatur, convicium, si facetius urbanitas nominatur* (denn die Schmähung hat nichts anderes zum Ziel als Herabsetzung, die, wenn sie frecher ausgestoßen wird, als Lästerrede, wenn sie eleganter formuliert wird, als *urbanitas* [urbaner Witz] bezeichnet wird).

zu werden. Es war zutiefst kränkend, wenn sich ein anderer Senator über einen lustig machte und die Umstehenden begeistert einstimmten. Freud und Leid lagen beim invektiven Wettkampf der Senatoren eng beieinander.

Was man brauchte, um im römischen Milieu zu bestehen, das war Invektivrobustheit. Man musste Kränkungen aushalten können und bei passender Gelegenheit mit gleicher Münze zurückzahlen. Dabei ist zu beobachten, dass die durch gegenseitige Beleidigungen entstandenen Feindschaften zumeist nicht für immer währten.[110] Natürlich konnte ein gekränkter Senator auch von sich aus auf einen Feind zugehen, aber vor allem war es die Aufgabe von Freunden, das Einlenken zu bewirken, indem sie auf den oder die Beleidigten einwirkten. Als z.B. Cicero nur zwei Jahre nach seiner verheerenden Invektive gegen den Zeugen Vatinius denselben Vatinius vor Gericht verteidigte, war es Pompeius gewesen, der ihn als Freund gebeten hatte, ihm diesen Dienst zu erweisen, und Caesar hatte sich ebenfalls für Vatinius bei Cicero eingesetzt.[111] Wenn sich ein Senator darauf einließ, auf Bitten eines Freundes seinen Groll gegen einen Feind herunterzuschlucken und in irgendeinem konkreten Punkt wieder mit ihm zu kooperieren, dann war das kein Verrat an seinen früheren Überzeugungen und Haltungen,[112] sondern die edle Erfüllung der Pflicht, einem Freund einen Gefallen zu tun. Schwer wurde das Einlenken besonders dann, wenn einer der Kontrahenten starb. Damit war die Sache nicht einfach erledigt, sondern die Söhne erbten die Freundschaften wie die Feindschaften des Vaters, und sie konnten nicht einfach aus eigener Entscheidung die Feindschaft des Vaters für erledigt erklären, ohne die *pietas* zu verletzen. Sie waren zur Rache verpflichtet, und so kam es des Öfteren vor, dass ein Sohn den Feind des verstorbenen Vaters vor Gericht zerrte.[113] Aber bei Cicero und Clodius bestand auch zu Lebzeiten beider

110 Vgl. EPSTEIN 1987, 5–7. Einige Beispiele für Versöhnungen bei Val.Max. 4,2.

111 Cic. fam. 1,9,19. Vgl. auch Val.Max. 4,2,4, der allerdings auslässt, dass sich Cicero wesentlich wegen der Bitten von Pompeius und Caesar zu der Verteidigung bereit erklärte.

112 Die konsistente Beibehaltung der eigenen politischen Orientierung war in Rom durchaus positiv besetzt und nicht immer leicht aufzugeben, wie wir z.B. an Ciceros Abwägungen Ende des Jahres 60 v.Chr. sehen können: Cicero schreibt seinem Freund Atticus, dass ihm die Unterstützung von Caesars geplantem Ackergesetz Sicherheit bringen würde, dass aber die radikale Abkehr von seinem bisher gesteuerten Kurs, für das Vaterland einzutreten, für ihn nicht in Frage komme (Cic. Att. 2,3,3 f.). Dass auch Versöhnungen mit früheren Feinden Anlass zur Kritik sein konnten, legt EPSTEIN 1987, 7–10 dar.

113 Vgl. HINARD 1980.

Das Publikum zeigt sich sehr angetan von Martin Jehnes Vortrag.

keine realistische Chance mehr auf Versöhnung, weil sie sich gegenseitig dafür verantwortlich machten, die finale Vernichtung des anderen als politische Persönlichkeit betrieben zu haben.

IX. Das Eskalationspotential von Invektivität: ein beunruhigender Nachspann

Schließen möchte ich mit einem Beispiel für die weitreichenden Konsequenzen, die invektive Streitigkeiten und Eskalationen in Rom haben konnten. Nach Caesars eigener Darstellung hatte er im März 49 v.Chr., nachdem er den Bürgerkrieg eröffnet hatte, ein Gespräch mit dem Consular Lentulus Spinther vor den Toren von Corfinium, das sich bereits Caesar und seinen Truppen ergeben hatte. Als Lentulus Spinther, der um sein Leben fürchtete, über ihre guten Beziehungen in der Vergangenheit sprach, unterbrach ihn Caesar und stellte klar, dass er seine Provinzen nicht verlassen habe, um Untaten zu begehen, sondern um sich gegen Beleidigungen durch seine Gegner zu verteidigen.[114] Das lateinische Wort, das Caesar verwendet, ist *contumelia,* ein Ausdruck für Schmähung, Erniedrigung, Ehrverletzung. Auch wenn wir sicher nicht geneigt sind zu glauben, dass Caesar den Bürgerkrieg einzig deshalb begann, weil er sich beleidigt fühlte, ist diese Erklärung doch im Text als ein akzeptables Argument präsentiert. Nach allem, was wir über die römische Praxis von Schmähung und Vergeltung wissen, konnte diese Art der Begründung nicht völlig von der Hand gewiesen werden.

---

114 Caes. b.c. 1,22,5: *cuius orationem Caesar interpellat: se non malefici causa ex provincia egressum sed uti se a contumeliis inimicorum defenderet, ut tribunos plebis in ea re ex civitate expulsos in suam dignitatem restitueret, ut se et populum Romanum factione paucorum oppressum in libertatem vindicaret.*

Bibliographie zum Vortrag

ALEXANDER 1990: M.C. Alexander, Trials in the Late Roman Republic, 149 BC to 50 BC, Toronto 1990.

BEACHAM 1999: R.C. Beacham, Spectacle Entertainments of Early Imperial Rome, New Haven/London 1999.

BELLEN 1981: H. Bellen, Die germanische Leibwache der römischen Kaiser des julisch-claudischen Hauses, Wiesbaden 1981 (= Abhandlungen der geistes- und sozialwissenschaftlichen Klasse der Akademie der Wissenschaften und der Literatur Mainz, Jahrgang 1981 Nr. 1).

BENNER 1987: H. Benner, Die Politik des P. Clodius Pulcher. Untersuchungen zur Denaturierung des Clientelwesens in der ausgehenden römischen Republik, Wiesbaden 1987.

BERNSTEIN 1998: F. Bernstein, Ludi publici. Untersuchungen zur Entstehung und Entwicklung der öffentlichen Spiele im republikanischen Rom, Stuttgart 1998.

BINGHAM 1999: S. Bingham, Security at the Games in the Early Imperial Period, in: EMC 43 (1999) (n.s. 18), 369–379.

2013: S. Bingham, The Praetorian Guard. A History of Rome's Elite Special Forces, London/New York 2013.

BOLLINGER 1969: Tr. Bollinger, Theatralis licentia. Die Publikumsdemonstrationen an den öffentlichen Spielen im Rom der frühen Kaiserzeit und ihre Bedeutung im politischen Leben, Winterthur 1969.

BONNEFOND-COUDRY 1989: M. Bonnefond-Coudry, Le sénat de la République romaine de la guerre d'Hannibal à Auguste: pratiques délibératives et prise de decision, Paris/Rome 1989.

BROUWER 1989: H.H.J. Brouwer, Bona Dea. The Sources and a Description of the Cult, Leiden u. a. 1989.

BRUHNS 1978: H. Bruhns, Caesar und die römische Oberschicht in den Jahren 49–44 v.Chr. Untersuchungen zur Herrschaftsetablierung im Bürgerkrieg, Göttingen 1978.

CAMERON 1976: A. Cameron, Circus Factions. Blues and Greens at Rome and Byzantium, Oxford 1976.

CORBEILL 1996: A. Corbeill, Controlling Laughter. Political Humor in the Late Roman Republic, Princeton 1996.

COURRIER 2014: C. Courrier, La Plèbe de Rome et sa culture (fin du IIe siècle av. J.-C. – fin du Ier siècle ap. J.-C.), Rome 2014 (= Bibliothèque des Écoles Françaises d'Athènes et de Rome 353).

CRAWFORD 1984: J.W. Crawford, M. Tullius Cicero: The Lost and Unpublished Orations, Göttingen 1984.

²1994: J.W. Crawford, M. Tullius Cicero. The Fragmentary Speeches, an Edition with Commentary, Atlanta, Georgia 21994.

DAVID 1992: J.-M. David, Le patronat judiciaire au dernier siècle de la République romaine, Paris/Rome 1992.

DEGELMANN 2018: Chr. Degelmann, Squalor. Symbolisches Trauern in der Politischen Kommunikation der Römischen Republik und Frühen Kaiserzeit, Stuttgart 2018.

DOBESCH 1971: G. Dobesch, Nahm Caesar die ihm verliehene Leibwache von Senatoren und Rittern an? (Zum Text von Dio XLIV 7,4), in: Jahreshefte des Österreichischen Archäologischen Instituts in Wien, Beiheft 2 zu Beiblatt 49, Wien 1971, 61–64.

EDMONDSON 1996: J. Edmondson, Dynamic Arenas: Gladiatorial Presentations in the City of Rome and the Construction of Roman Society during the Early Empire, in: W.J. SLATER (Hg.), Roman Theater and Society, Ann Arbor 1996, 69–112.

2002: J. Edmondson, Public Spectacles and Roman Social Relations, in: T. NOGALES BASARRATE/A. CASTELLANOS (Hgg.), Ludi Romani. Espectáculos en Hispania Romana, Madrid 2002, 7–29.

2008: J. Edmondson, Public Dress and Social Control in Late Republican and Early Imperial Rome, in: DERS./A. KEITH (Hgg.), Roman Dress and the Fabrics of Culture, Toronto/Buffalo/London 2008, 21–46.

ELLERBROCK u. a. 2017: D. Ellerbrock/L. Koch/S. Müller-Mall/M. Münkler/J. Scharloth/D. Schrage/G. Schwerhoff, Invektivität – Perspektiven eines neuen Forschungsprogramms in den Kultur- und Sozialwissenschaften, in: Kulturwissenschaftliche Zeitschrift 1 (2017), 2–24.

EPSTEIN 1987: D.F. Epstein, Personal Enmity in Roman Politics 218 – 43 BC, London/New York 1987.

FERRARY 2012: J.-L. Ferrary, La legislation augustéenne et les dernières lois comitiales, in: DERS. (Hg.), Leges publicae. La legge nell'esperienza giuridica romana, Pavia 2012, 569–592.

FEZZI 2001: L. Fezzi, La legislazione tribunizia di Publio Clodio Pulcro (58 a.C.) e la ricerca del consenso a Roma, in: Studi Classici e Orientali 47.1 (2001), 245–341.

FLAIG 1992: E. Flaig, Den Kaiser herausfordern. Die Usurpation im Römischen Reich, Frankfurt/New York 1992.

1995: E. Flaig, Entscheidung und Konsens. Zu den Feldern der politischen Kommunikation zwischen Aristokratie und Plebs, in: M. JEHNE (Hg.), Demokratie in Rom? Die Rolle des Volkes in der Politik der römischen Republik, Stuttgart 1995, 77–127.

2003: E. Flaig, Ritualisierte Politik. Zeichen, Gesten und Herrschaft im Alten Rom, Göttingen 2003.

GOLDBECK 2010: F. Goldbeck, *Salutationes*. Die Morgenbegrüßungen in Rom in der Republik und der frühen Kaiserzeit, Berlin 2010.

GRUEN 1974: E.S. Gruen, The Last Generation of the Roman Republic, Berkeley/Los Angeles/London 1974.

HAWKINS 2017: T. Hawkins, Pollio's Paradox: Popular Invective and the Transition to Empire, in: L. GRIG (Hg.), Popular Culture in the Ancient World, Cambridge 2017, 129–148.

HELLEGOUARC'H ²1972: J. Hellegouarc'h, Le vocabulaire latin des relations et des partis politiques sous la République, Paris ²1972.

HINARD 1980: F. Hinard, *Paternus inimicus* – sur une expression de Cicéron, in: Mélanges de littérature et d'épigraphie latines, d'histoire ancienne et d'archéologie. Hommage à la mémoire de Pierre Wuilleumier, Paris 1980, 197–210.

JEHNE 2000: M. Jehne, Jovialität und Freiheit. Zur Institutionalität der Beziehungen zwischen Ober- und Unterschichten in der römischen Republik, in: B. LINKE/M. STEMMLER (Hgg.), Mos maiorum. Untersuchungen zu den Formen der Identitätsstiftung und Stabilisierung in der römischen Republik, Stuttgart 2000, 207–235.

2011: M. Jehne, Blaming the People in Front of the People. Restraint and Outbursts of Orators in Roman *contiones*, in: Chr. SMITH/R. COVINO (Hgg.), Praise and Blame in Roman Republican Rhetoric, Swansea 2011, 111–125.

2014: M. Jehne, Das Volk als Institution und diskursive Bezugsgröße in der römischen Republik, in: Chr. LUNDGREEN (Hg.), Staatlichkeit in Rom? Diskurse und Praxis (in) der römischen Republik, Stuttgart 2014, 117–137.

(im Druck a): M. Jehne, Die Aufstellung des römischen Heeres bei Polybios als Integrationsritual, in: Chr. ZINKO/M. ZINKO (Hgg., unter Mitarbeit v. V. REITER), Krieg und Ritual im Altertum, 17. Grazer Althistorische Adventgespräche, Graz 2019.

(im Druck b): M. Jehne, Die Dickfelligkeit der Elite und die Dünnhäutigkeit des Volkes. Invektivkonstellationen in römischen Volksversammlungen, in: Saeculum.

JORY 1984: E.J. Jory, The Early Pantomime Riots, in: A. MOFFAT (Hg.), Maistor. Classical, Byzantine and Renaissance Studies for R. Browning, Canberra 1984, 57–66.

KASTER 2006: R.A. Kaster, Cicero, Speech on Behalf of Publius Sestius, Translated with Introduction and Commentary, Oxford 2006.

KELLY 2006: G.P. Kelly, A History of Exile in the Roman Republic, Cambridge 2006.

KEPPIE 1996: L. Keppie, The Praetorian Guard before Seianus, in: Athenaeum 84 (1996), 101–124.

KINDERMANN 1979: H. Kindermann, Das Theaterpublikum der Antike, Salzburg 1979.

KNOPF 2018: F. Knopf, Die Partizipationsmotive der *plebs urbana* im spätrepublikanischen Rom, Münster 2018.

LEPPIN 1992: H. Leppin, Histrionen. Untersuchungen zur sozialen Stellung von Bühnenkünstlern im Westen des Römischen Reiches zur Zeit der Republik und des Principats, Bonn 1992.

LINTOTT 1965: A.W. Lintott, Trinundinum, in: CQ 15 (1965), 281–285.

LOHMANN 2018: P. Lohmann, Graffiti als Interaktionsform. Geritzte Inschriften in den Wohnhäusern Pompejis, Berlin/Boston 2018.

LOUIS 2010: N. Louis, Commentaire historique et traduction du Divus Augustus de Suétone, Bruxelles 2010.

MANUWALD 2011: G. Manuwald, Roman Republican Theatre, Cambridge 2011.

MEIER 1965: Chr. Meier, Populares, in: Realencyclopädie der classischen Altertumswissenschaft, Supplementband X, Stuttgart 1965, Sp. 549–615.

²1980: Chr. Meier, Res publica amissa. Eine Studie zu Verfassung und Geschichte der späten römischen Republik, Frankfurt a.M. ²1980.

MEYER-ZWIFFELHOFFER 1995: E. Meyer-Zwiffelhoffer, Im Zeichen des Phallus. Die Ordnung des Geschlechtslebens im antiken Rom, Frankfurt/New York 1995.

MOMMSEN ³1887/8: Th. Mommsen, Römisches Staatsrecht, 3 Teile in 5 Bänden, Leipzig ³1887/8 (Nachdruck 1969).

MOREAU 1982: Ph. Moreau, Clodiana religio. Un procès politique en 61 av. J.-C., Paris 1982.

NIPPEL 1988: W. Nippel, Aufruhr und "Polizei" in der römischen Republik, Stuttgart 1988.

1995: W. Nippel, Public Order in Ancient Rome, Cambridge 1995.

PARKER 1999: H.N. Parker, The Observed of All Observers: Spectacle, Applause, and Cultural Poetics in the Roman Theater Audience, in: B.A. BERGMANN/C. KONDOLEON (Hgg.), The Art of Ancient Spectacle, New Haven/London 1999, 163–179.

PEACHIN 2007: M. Peachin, Attacken und Erniedrigungen als alltägliche Elemente der kaiserzeitlichen Regierungspraxis, in: R. HAENSCH/J. HEINRICHS (Hgg.), Herrschen und Verwalten. Der Alltag der römischen Administration in der Hohen Kaiserzeit, Köln/Weimar/Wien 2007, 117–125.

PINA POLO 1991: F. Pina Polo, Cicerón contra Clodio: el lenguaje de la invectiva, in: Gerión 9 (1991), 131–150.

2006: F. Pina Polo, The Tyrant Must Die: Preventive Tyrannicide in Roman Political Thought, in: F. MARCO SIMÓN/F. PINA POLO/J. REMESAL RODRÍGUEZ (Hgg.), Repúblicas y ciudadanos: modelos de participación cívica en el mundo antiguo, Barcelona 2006, 71–101.

2017: F. Pina Polo, The "Tyranny" of the Gracchi and the Concordia of the Optimates: an ideological construct, in: R. CRISTOFOLI/A. GALIMBERTI/F. ROHR VIO (Hgg.), Costruire la memoria. Uso e abuso della storia fra tarda repubblica e primo principato, Venezia, 14–15 gennaio 2016, Roma 2017, 5–33.

RAWSON 1987: E. Rawson, *Discrimina ordinum*: the *lex Julia theatralis*, in: PBSR 55 (1987), 83–114.

RILINGER 2007: R. Rilinger, *Ordo* und *dignitas* als soziale Kategorien der römischen Republik, in: DERS., *Ordo* und *dignitas*. Beiträge zur römischen Verfassungs- und Sozialgeschichte, Stuttgart 2007, 95–104 (zuerst 1991).

ROBB 2010: M.A. Robb, Beyond *Populares* and *Optimates*. Political Language in the Late Republic, Stuttgart 2010.

ROSILLO LÓPEZ 2017: C. Rosillo López, The Role and Influence of the Audience (*corona*) in Trials in the Late Roman Republic, in: Athenaeum 105 (2017), 106–119.

ROTONDI 1966: G. Rotondi, Leges publicae populi Romani, Nachdruck der Ausgabe von 1912, Hildesheim 1966.

RUSSELL 2016: A. Russell, The Politics of Public Space in Republican Rome, Cambridge 2016.

RYAN 1998: F.X. Ryan, Rank and Participation in the Republican Senate, Stuttgart 1998.

SABLAYROLLES 2001: R. Sablayrolles, La rue, le soldat et le pouvoir: la garnison de Rome de César à Pertinax, in: Pallas 55 (2001), 127–153.

SCHNURR 1992: Chr. Schnurr, The *lex Julia theatralis* of Augustus: Some Remarks on Seating Problems in Theatre, Amphitheatre and Circus, in: LCM 17.10 (1992), 147–160.

SCOBIE 1988: A. Scobie, Spectator Security and Comfort at Gladiatorial Games, in: Nikephoros 1 (1988), 191–243.

SCULLARD 1985: H.H. Scullard, Römische Feste. Kalender und Kult, Mainz 1985.

SHACKLETON BAILEY 1965: D.R. Shackleton Bailey, Cicero's Letters to Atticus, vol. I: 68–59 B.C., 1–45 (Books I and II), Cambridge 1965.

SIGMUND 2014: Chr. Sigmund, 'Königtum' in der politischen Kultur des spät republikanischen Rom, Berlin/Boston 2014.

SLATER 1994: W.J. Slater, Pantomime Riots, in: Classical Antiquity 13 (1994), 120–144.

SPEIDEL 1994: M.P. Speidel, Riding for Caesar. The Roman Emperors' Horse Guards, London 1994.

STEIN 1930: P. Stein, Die Senatssitzungen der Ciceronischen Zeit (68–43), Münster 1930.

TALBERT 1984: R.J.A. Talbert, The Senate of Imperial Rome, Princeton 1984.

TATUM 1999: W.J. Tatum, The Patrician Tribune. Publius Clodius Pulcher, Chapel Hill/London 1999.

2018: W.J. Tatum, Quintus Cicero, A Brief Handbook on Canvassing for Office, Translated with Introduction and Commentary, Oxford 2018.

TIERSCH 2013: C. Tiersch, Ein Steintheater als Medium politischer Kommunikation? Das Pompeiustheater und der Wandel der politischen Kommunikation in Rom, in: Th. ROESSING/N. PODSCHUWEIT (Hgg.), Politische Kommunikation in Zeiten des Medienwandels, Berlin/New York 2013, 193–227.

TIMMER 2008: J. Timmer, Altersgrenzen politischer Partizipation in antiken Gesellschaften, Berlin 2008.

VANDERBROECK 1987: P.J.J. Vanderbroeck, Popular Leadership and Collective Behavior in the Late Roman Republic (ca. 80 – 50 B.C.), Amsterdam 1987.

WARDLE 2014: D. Wardle, Suetonius, Life of Augustus, Translated with Introduction and Historical Commentary, Oxford 2014.

WILL 1991: W. Will, Der römische Mob. Soziale Konflikte in der späten Republik, Darmstadt 1991.

WISEMAN 1999: T.P. Wiseman, The Games of Flora, in: B. BERGMANN/Chr. KONDOLEON (Hgg.), The Art of Ancient Spectacle, New Haven/London 1999, 195–203.

Jakob Messerli berichtet im Anschluss an die Verleihung des Preises über die Konservierungsarbeiten an den Caesartapisserien im Bernischen Historischen Museum.

Martin Jehne – Schriften

I. Monographien

1. Der Staat des Dictators Caesar, Köln/Wien 1987 (= Passauer historische Forschungen 3) [496 S.].
2. Koine Eirene. Untersuchungen zu den Befriedungs- und Stabilisierungsbemühungen in der griechischen Poliswelt des 4. Jahrhunderts v. Chr., Stuttgart 1994 (= Hermes Einzelschriften 63) [320 S.].
3. Caesar, München 1997 (= Beck Wissen in der Beck'schen Reihe 2044) [127 S.].
   [2. Aufl. 2001, 3. Aufl. 2004, 4. Aufl. 2008, 5. Aufl. 2014].
   [italienische Übersetzung: Giulio Cesare, Bologna 1999].
   [spanische Übersetzung: Julio César, Madrid 2001].
   [chinesische Übersetzung: Hunan 2002].
   [gekürzte Fassung als Hörbuch: Berg am Starnberger See 2007].
4. Die römische Republik. Von der Gründung bis Caesar, München 2006 (= Beck Wissen in der Beck'schen Reihe 2362) [128 S.].
   [2. Aufl. 2008, 3. Aufl. 2013].
   [italienische Übersetzung: Roma nell'età della repubblica, Bologna 2008].
5. Der große Trend, der kleine Sachzwang und das handelnde Individuum. Caesars Entscheidungen, München 2009 (= dtv Premium 24711) [159 S.].

II. Herausgeberschaft

1. Demokratie in Rom? Die Rolle des Volkes in der Politik der römischen Republik, Stuttgart 1995 (= Historia Einzelschriften 96).
2. Herrschaft ohne Integration? Rom und Italien in republikanischer Zeit, hg. von M. JEHNE/R. PFEILSCHIFTER, Frankfurt a.M. 2006 (= Studien zur Alten Geschichte 4).
3. Consuls and res publica. Holding High Office in the Roman Republic, hg. von H. BECK/A. DUPLÁ/M. JEHNE/F. PINA POLO, Cambridge 2011 [Paperback 2015].

4. Gemeinsinn und Gemeinwohl in der römischen Antike, hg. von M. JEHNE/C. LUNDGREEN, Stuttgart 2013.
5. Religiöse Vielfalt und soziale Integration. Die Bedeutung der Religion für die kulturelle Identität und die politische Stabilität im republikanischen Italien, hg. von M. JEHNE/B. LINKE/J. RÜPKE, Heidelberg 2013 (= Studien zur Alten Geschichte 17).
6. Foreign clientelae in the Roman Empire. A Reconsideration, hg. von M. JEHNE/F. PINA POLO, Stuttgart 2015 (= Historia Einzelschriften 238).
7. Money and Power in the Roman Republic, hg. von H. BECK/M. JEHNE/J. SERRATI, Bruxelles 2016 (= Collection Latomus 355).
8. Neue Forschungen zur Münzprägung der Römischen Republik. Beiträge zum internationalen Kolloquium im Residenzschloss Dresden 19.–21. Juni 2014, hg. von F. HAYMANN/W. HOLLSTEIN/M. JEHNE, Bonn 2016 (= Nomismata, Historisch-numismatische Forschungen 8).

III. Aufsätze und Beiträge in Sammelbänden

1. Caesars Bemühungen um die Reintegration der Pompeianer, in: Chiron 17 (1987), 313–341.
2. Die Dictatur optima lege, in: Zeitschrift der Savigny-Stiftung für Rechtsgeschichte, (Rom. Abt.) 106 (1989), 557–572.
3. Die Friedensverhandlungen von Sparta 392/1 v. Chr. und das Problem der kleinasiatischen Griechen, in: Chiron 21 (1991), 265–276.
4. Iasons Symmachie mit Athen und das Mitgliederverzeichnis des 2. Athenischen Seebunds, in: Zeitschrift für Papyrologie und Epigraphik 89 (1991), 121–134.
5. Die allgemeinen Friedensschlüsse in Griechenland im 4. Jahrhundert v. Chr., in: Historische Zeitschrift 255 (1992), 99–116.
6. Die Anerkennung der athenischen Besitzansprüche auf Amphipolis und die Chersones: Zu den Implikationen der Territorialklausel *echein ten heauton (choran)* in Verträgen des 4. Jahrhunderts v. Chr., in: Historia 41 (1992), 272–282.
7. Geheime Abstimmung und Bindungswesen in der römischen Republik, in: Historische Zeitschrift 257 (1993), 593–613.

8. Die Funktion des Berichts über die Kinadon-Verschwörung in Xenophons *Hellenika*, in: Hermes 123 (1995), 166–174.
9. Einführung: Zur Debatte um die Rolle des Volkes in der römischen Politik, in: Demokratie in Rom? [s.o. II 1], 1–9.
10. Die Beeinflussung von Entscheidungen durch "Bestechung": Zur Funktion des *ambitus* in der römischen Republik, in: Demokratie in Rom? [s.o. II 1], 51–76.
11. Überlegungen zur Chronologie der Jahre 259 bis 261 n.Chr. im Lichte der neuen Postumus-Inschrift aus Augsburg, in: Bayerische Vorgeschichtsblätter 61 (1996), 185–206.
12. Die Ermordung des Dictators Caesar und das Ende der römischen Republik, in: U. SCHULTZ (Hg.), Große Verschwörungen. Staatsstreich und Tyrannensturz von der Antike bis zur Gegenwart, München 1998, 33–47; 256–261.
13. Formen der thebanischen Hegemonialpolitik zwischen Leuktra und Chaironeia (371–338 v.Chr.), in: Klio 81 (1999), 315–356.
14. Cato und die Bewahrung der traditionellen *res publica*. Zum Spannungsverhältnis zwischen *mos maiorum* und griechischer Kultur im zweiten Jahrhundert v.Chr., in: G. VOGT-SPIRA/B. ROMMEL (Hgg.), Rezeption und Identität. Die kulturelle Auseinandersetzung Roms mit Griechenland als europäisches Paradigma, Stuttgart 1999, 115–134.
15. Subsidiarität und Friedenssicherung im römischen Imperium, in: Wissenschaftliche Zeitschrift der TU Dresden 48/4 (1999), 4–8.
16. Jovialität und Freiheit. Zur Institutionalität der Beziehungen zwischen Ober- und Unterschichten in der römischen Republik, in: B. LINKE/M. STEMMLER (Hgg.), Mos maiorum. Untersuchungen zu den Formen der Identitätsstiftung und Stabilisierung in der römischen Republik, Stuttgart 2000 (= Historia Einzelschriften 141), 207–235.
17. Rednertätigkeit und Statusdissonanzen in der späten römischen Republik, in: Chr. NEUMEISTER/W. RAECK (Hgg.), Rede und Redner. Bewertung und Darstellung in den antiken Kulturen, Kolloquium Frankfurt a.M., 14.–16. Oktober 1998, Möhnesee 2000 (= Frankfurter Archäologische Schriften 1), 167–189.
18. Caesar und die Krise von 47 v.Chr., in: G. URSO (Hg.), L'ultimo Cesare. Scritti riforme progetti poteri congiure, Atti del convegno internazionale, Cividale del Friuli, 16–18 settembre 1999, Roma 2000, 151–173.

19. Wirkungsweise und Bedeutung der *centuria praerogativa*, in: Chiron 30 (2000), 661–678.
20. Marcus Tullius Cicero – der Neuling, der zu spät kam, in: K.-J. HÖLKESKAMP/E. STEIN-HÖLKESKAMP (Hgg.), Von Romulus zu Augustus. Große Gestalten der römischen Republik, München 2000, 250–267.
21. Gemeinsam mit F.-H. MUTSCHLER: Texte, Rituale und Stabilität der römischen Republik. Zu zwei Teilprojekten des Dresdner Sonderforschungsbereichs „Institutionalität und Geschichtlichkeit", in: Antike Welt 31 (2000), 551–556.
22. Integrationsrituale in der römischen Republik. Zur einbindenden Wirkung der Volksversammlungen, in: G. URSO (Hg.), Integrazione, mescolanza, rifiuto. Incontri di popoli, lingue e culture in Europa dall' Antichità all' Umanesimo, Atti del convegno internazionale, Cividale del Friuli, 21–23 settembre 2000, Roma 2001, 89–113.

22a. Integrationsrituale in der römischen Republik. Zur einbindenden Wirkung der Volksversammlungen, in: K.-J. HÖLKESKAMP/J. RÜSEN/E. STEIN-HÖLKESKAMP/H. Th. GRÜTTER (Hgg.), Sinn (in) der Antike. Orientierungssysteme, Leitbilder und Wertkonzepte im Altertum, Mainz 2003, 279–297 (Wiederabdruck von Nr. 22 mit geringfügigen Veränderungen).

23. Asterix und Caesar, in: K. BRODERSEN (Hg.), Asterix und seine Zeit. Die große Welt des kleinen Galliers, München 2001 (= Beck'sche Reihe 1404), 58–71.
    [türkische Übersetzung: Asteriks ve Sezar, in: Asteriks ve Roma Dünyası, Istanbul 2002, 64–79]
24. Die Geltung der Provocation und die Konstruktion der römischen Republik als Freiheitsgemeinschaft, in: G. MELVILLE/H. VORLÄNDER (Hgg.), Geltungsgeschichten. Über die Stabilisierung und Legitimierung institutioneller Ordnungen, Köln/Weimar/Wien 2002, 55–74.
25. Krisenwahrnehmung und Vorschläge zur Krisenüberwindung bei Cicero, in: S. FRANCHET D'ESPÈREY/V. FROMENTIN/S. GOTTELAND /J.-M. RODDAZ (Hgg.), Fondements et crises du pouvoir, Bordeaux 2003 (= Ausonius-Publications Études 9), 379–396.
26. Überlegungen zu den Auslassungen in Xenophons *Hellenika* am Beispiel der Gründung des Zweiten Athenischen Seebunds, in: C. TUPLIN (Hg.),

Xenophon and his World, Papers from a conference held in Liverpool in July 1999, Stuttgart 2004 (= Historia Einzelschriften 172), 463–480.

27. History's Alternative Caesars: *Julius Caesar* and Current Historiography, in: H. ZANDER (Hg.), Julius Caesar. New Critical Essays, New York/London 2005 (Shakespeare Criticism), 59–70.
28. Über den Rubicon. Caesars Eröffnung des Bürgerkrieges am 10. Januar 49 v.Chr., in: W. KRIEGER (Hg.), Und keine Schlacht bei Marathon. Große Ereignisse und Mythen der europäischen Geschichte, Stuttgart 2005 [2. Aufl. 2006], 25–49; 325–336.
29. Augustus in der Sänfte. Über die Invisibilisierung des Kaisers, seiner Macht und seiner Ohnmacht, in: G. MELVILLE (Hg.), Das Sichtbare und das Unsichtbare der Macht. Institutionelle Prozesse in Antike, Mittelalter und Neuzeit, Köln/Wien/Weimar 2005, 283–307.
30. Die Volksversammlungen in Mommsens „Staatsrecht", oder: Mommsen als Gesetzgeber, in: W. NIPPEL/B. SEIDENSTICKER (Hgg.), Theodor Mommsens langer Schatten. Das römische Staatsrecht als bleibende Herausforderung für die Forschung, Hildesheim 2005 (= Spudasmata 107), 131–160.
31. Caesars *Gallischer Krieg* – Text und Tat, in: E. STEIN-HÖLKESKAMP/K.-J. HÖLKESKAMP (Hgg.), Erinnerungsorte der Antike. Die römische Welt, München 2006, 234–241; 742–744.
32. Gemeinsam mit R. PFEILSCHIFTER: Einleitung: Zum Charakter der römischen Herrschaft in Italien, in: Herrschaft ohne Integration? [s.o. II 2], 7–22.
33. Römer, Latiner und Bundesgenossen im Krieg. Zu Formen und Ausmaß der Integration in der republikanischen Armee, in: Herrschaft ohne Integration? [s.o. II 2], 243–267.
34. Who Attended Roman Assemblies? Some Remarks on Political Participation in the Roman Republic, in: F. MARCO SIMÓN/F. PINA POLO/J. REMESAL RODRÍGUEZ (Hgg.), Repúblicas y ciudadanos: modelos de participación cívica en el mundo antiguo, Barcelona 2006 (= Instrumenta 21), 221–234.
35. Methods, Models, and Historiography, in: N. ROSENSTEIN/R. MORSTEIN-MARX (Hgg.), A Companion to the Roman Republic, Oxford 2006, 3–28.

36. Corriger la Fortune! Magie und Zauberei in der Antike, in: H. KNÜPPEL/M. OSTEN/U. ROSENBAUM/J. H. SCHOEPS/P. STEINBACH (Hgg.), Wege und Spuren. Verbindungen zwischen Bildung, Wissenschaft, Kultur, Geschichte und Politik, Festschrift für Joachim-Felix Leonhard, Berlin 2007 (= Schriftenreihe des Wilhelm-Fraenger-Instituts Potsdam 10), 207–222.
37. Christian Meier und Iulius Caesar, oder: Das Faszinosum des Außenseiters, in: M. BERNETT/W. NIPPEL/A. WINTERLING (Hgg.), Christian Meier zur Diskussion. Autorenkolloquium am Zentrum für Interdisziplinäre Forschung in Bielefeld, Stuttgart 2008, 201–217.
38. Diplomacy in Italy in the Second Century BC, in: C. EILERS (Hg.), Diplomats and Diplomacy in the Roman World, Leiden/Boston 2009 (= Mnemosyne Supplements 304), 143–170.
39. Caesars Alternative(n). Das Ende der römischen Republik zwischen autonomem Prozeß und Betriebsunfall, in: K.-J. HÖLKESKAMP/E. MÜLLER-LUCKNER (Hgg.), Eine politische Kultur (in) der Krise? Die „letzte Generation" der römischen Republik, München 2009 (= Schriften des Historischen Kollegs 73), 141–160.
40. Die Dominanz des Vorgangs über den Ausgang. Struktur und Verlauf der Wahlen in der römischen Republik, in: Chr. DARTMANN/G. WASSILOWSKY/Th. WELLER (Hgg.), Technik und Symbolik vormoderner Wahlverfahren, München 2010 (= Historische Zeitschrift Beiheft 52), 17–34.
41. Le système électoral des Romains et le désespoir des candidats, in: Revue historique de droit français et étranger 87 (2009 [2010]), 495–513.
42. Der Dictator und die Republik. Wurzeln, Formen und Perspektiven von Caesars Monarchie, in: B. LINKE/M. MEIER/M. STROTHMANN (Hgg.), Zwischen Monarchie und Republik. Gesellschaftliche Stabilisierungsleistungen und politische Transformationspotentiale in den antiken Stadtstaaten, Stuttgart 2010 (= Historia Einzelschriften 217), 187–211.
43. Erfahrungsraum und Erwartungshorizont bei Julius Caesar, in: G. URSO (Hg.), Cesare: precursore o visionario? Atti del convegno internazionale, Cividale del Friuli, 17–19 settembre 2009, Milano 2010, 311–332.
44. Caesars Rolle im Geschichtsprozeß, in: Gymnasium 118 (2011), 257–276.
45. Blaming the people in front of the people. Restraint and outbursts of orators in Roman *contiones*, in: Chr. SMITH/R. COVINO (Hgg.), Praise and Blame in Roman Republican Rhetoric, Swansea 2011, 111–125.

46. Der Hirschfaktor des Valerius Antias, in: A. HEIL/M. KORN/J. SAUER (Hgg.), Noctes Sinenses. Festschrift für Fritz-Heiner Mutschler zum 65. Geburtstag, Heidelberg 2011, 201–209.
47. Gemeinsam mit H. BECK/A. DUPLÁ/F. PINA POLO: The republic and its highest office: Some introductory remarks on the Roman consulate, in: Consuls and res publica [s.o. II 3], 1–15.
48. The rise of the consular as a social type in the third and second centuries BC, in: Consuls and res publica [s.o. II 3], 211–231.
49. Scaptius oder der kleine Mann in der großen Politik. Zur kommunikativen Struktur der *contiones* in der römischen Republik, in: Politica antica 1 (2011), 59–87.
50. Die Neukonstruktion der Tradition als Machterhaltungs- und Machtsteigerungspolitik des Augustus, in: G. MELVILLE/K.-S. REHBERG (Hgg.), Dimensionen institutioneller Macht. Fallstudien von der Antike bis zur Gegenwart, Köln/Wien/Weimar 2012, 59–83.
51. Statutes on Public Powers and Their Relationship to *mos*, in: J.-L. FERRARY (Hg.), Leges publicae. La legge nell'esperienza giuridica romana, Collegio di Diritto Romano 2010 Cedant, Pavia 2012, 405–428.
52. Die organisatorische Verankerung der Alleinherrschaft und die republikanische Tradition: von Caesar zu Augustus, in: O. DEVILLERS/K. SION-JENKIS (Hgg.), César sous Auguste, Bordeaux 2012(= Ausonius Éditions Scripta Antiqua 48), 29–41.
53. Feeding the plebs with words. The significance of senatorial public oratory in the small world of Roman politics, in: C. STEEL/H. VAN DER BLOM (Hgg.), Community and Communication. Oratory and Politics in Republican Rome, Oxford 2013, 49–62.
54. Gemeinsam mit C. LUNDGREEN: Einleitung: Gemeinsinn und Gemeinwohl in der Antike, in: Gemeinwohl und Gemeinsinn in der römischen Antike [s.o. II 4], 9–19.
55. Der römische Senat als Hüter des Gemeinsinns, in: Gemeinwohl und Gemeinsinn in der römischen Antike [s.o. II 4], 23–50.
56. Gemeinsam mit F.-H. MUTSCHLER: Gemeinsinnsbehauptung, Gemeinsinnsmotivation und Transzendenzkonstruktion bei Cicero, in: H. VORLÄNDER (Hg.), Transzendenz und die Konstitution von Ordnungen, Berlin/Boston 2013, 97–114.

57. Konsensfiktionen in römischen Volksversammlungen. Überlegungen zur frührepublikanischen Curienversammlung und zu den kaiserzeitlichen Destinationscenturien, in: E. FLAIG/E. MÜLLER-LUCKNER (Hgg.), Genesis und Dynamiken der Mehrheitsentscheidung, München 2013 (= Schriften des Historischen Kollegs, Kolloquien 85), 129–152.
58. Gemeinsam mit B. LINKE/J. RÜPKE: Einleitung, in: Religiöse Vielfalt und soziale Integration [s.o. II 5], 7–24.
59. Politische Partizipation in der römischen Republik, in: H. REINAU/J. V. UNGERN-STERNBERG (Hgg.), Politische Partizipation. Idee und Wirklichkeit von der Antike bis in die Gegenwart, Berlin/Boston 2013 (= Colloquium Rauricum 13), 103–144.
60. Gerechtigkeitskonkurrenzen in der politischen Praxis der römischen Republik, in: G. MELVILLE/G. VOGT-SPIRA/M. BREITENSTEIN (Hgg.), Gerechtigkeit, Köln/Weimar/Wien 2014, 58–73.
61. Das Volk als Institution und diskursive Bezugsgröße in der römischen Republik, in: Chr. LUNDGREEN (Hg.), Staatlichkeit in Rom? Diskurse und Praxis (in) der römischen Republik, Stuttgart 2014 (= Staatsdiskurse 28), 117–137.
62. Die Krise der Republik und die Wiederentstehung der Monarchie in Rom, in: M. HORSTER/F. SCHULLER (Hgg.), Augustus. Herrscher an der Zeitenwende, Regensburg 2014, 10–25; 196 f.
63. Gemeinsam mit F. PINA POLO: Introduction, in: Foreign clientelae in the Roman Empire [s.o. II 6], 11–15.
64. From *patronus* to *pater*. The changing role of patronage in the period of transition from Pompey to Augustus, in: Foreign clientelae in the Roman Empire [s.o. II 6], 297–319.
65. Einleitung: Antike, in: G. MELVILLE/G. VOGT-SPIRA/M. BREITENSTEIN (Hgg.), Sorge, Europäische Grundbegriffe im Wandel 2, Köln/Weimar/Wien 2015, 15–19.
66. Gemeinsam mit H. BECK/J. SERRATI: Introduction, in: Money and Power in the Roman Republic [s.o. II 7], 9–17.
67. The Senatorial Economics of Status, in: Money and Power in the Roman Republic [s.o. II 7], 188–207.
68. Gemeinsam mit F. HAYMANN/W. HOLLSTEIN: Einführung, in: Neue Forschungen zur Münzprägung der Römischen Republik [s.o. II 8], 1–8.

69. Stempelstellung und Lokalisierung von Bürgerkriegsprägungen des 1. Jahrhunderts v.Chr., in: Neue Forschungen zur Münzprägung der Römischen Republik [s.o. II 8], 293–314.
70. Das römische Volk als Bezugsgröße und Machtfaktor, in: M. HAAKE/A.-C. HARDERS (Hgg.), Politische Kultur und soziale Struktur der Römischen Republik. Bilanzen und Perspektiven, Akten der internationalen Tagung anlässlich des 70. Todestages von Friedrich Münzer (Münster, 18.–20. Oktober 2012), Stuttgart 2017, 535–549.
71. Why the Anti-Caesarians Failed: Political Communication on the Eve of Civil War (51 to 49 BC), in: C. ROSILLO-LÓPEZ (Hg.), Political Communication in the Roman World, Leiden/Boston 2017 (= Impact of Empire 27), 201–227.
72. Caesar the Politician, in: K.A. RAAFLAUB/R. STRASSLER (Hgg.), The Landmark Julius Caesar, Web Essays for the Complete Works, New York 2017, Web Essay F, 6–12, http://thelandmarkcaesar.com/LandmarkCaesar-WebEssays_5Jan2018.pdf.
73. Die Chance, eine Alternative zu formulieren, und die Chance, eine Alternative zu verwirklichen. Das Sagbare und das Machbare im republikanischen und augusteischen Rom, in: M. NEBELIN/C. TIERSCH (Hgg.), Semantische Kämpfe zwischen Republik und Prinzipat? Kontinuität und Transformation der politischen Sprache in Rom, Göttingen (= Historische Semantik 31) [im Druck].
74. Die Aufstellung des römischen Heeres bei Polybios als Integrationsritual, in: Chr. ZINKO/M. ZINKO (Hgg., unter Mitarbeit v. V. REITER), Krieg und Ritual im Altertum, 17. Grazer Althistorische Adventgespräche, Graz (= Grazer Vergleichende Arbeiten 30) [im Druck].
75. Individuelle und kollektive *auctoritas* in der römischen Republik und frühen Kaiserzeit, in: J.-M. DAVID/F. HURLET (Hgg.), Auctoritas, [im Druck].
76. Die Dickfelligkeit der Elite und die Dünnhäutigkeit des Volkes. Invektivkonstellationen in römischen Volksversammlungen, in: Saeculum [im Druck].

IV. Lexikonartikel

1. Caesar, in: O. SCHÜTZE (Hg.), Metzler Lexikon antiker Autoren, Stuttgart/Weimar 1997, 145–148 (Ndr. in: O. SCHÜTZE (Hg.), Griechische und römische Literatur. 120 Porträts, Stuttgart/Weimar 2006, 42–45).

V. Rezensionen

1. H. WOLFRAM/F. DAIM (Hg.), Die Völker an der unteren und mittleren Donau, Wien 1980, in: Ostbairische Grenzmarken 23 (1981), 142–144.
2. Severin und die Vita Severini, 1982, in: Ostbairische Grenzmarken 24 (1982), 260 f.
3. G. GOTTLIEB, Das römische Augsburg, München 1981, in: Archiv für Kulturgeschichte 64 (1982), 223–226.
4. H. HEINEN, Trier und das Trevererland in römischer Zeit, Trier 1985, in: Bonner Jahrbücher 187 (1987), 816–819.
5. M. CRAWFORD, Die römische Republik, München 1984, in: Archiv für Kulturgeschichte 70, 1988, 513 f.
6 S. IRELAND, Roman Britain, London 1986, in: Gnomon 60 (1988), 273–275.
7. G. BINDER (Hg.), Saeculum Augustum I, Darmstadt 1987, in: Historische Zeitschrift 248 (1989), 675 f.
8. L. PICCIRILLI, Temistocle, Aristide, Cimone, Tucidide di Melesia fra politica e propaganda, Genua 1987, in: Gnomon 61 (1989), 171–173.
9. Th. HANTOS, Res publica constituta, Stuttgart 1988, in: Zeitschrift der Savigny-Stiftung für Rechtsgeschichte (Rom. Abt.), 107 (1990), 480–491.
10. U. ORTMANN, Cicero, Brutus und Octavian, Bonn 1988, in: Historische Zeitschrift 251 (1990), 401 f.
11. W. NIPPEL, Aufruhr und „Polizei" in der römischen Republik, Stuttgart 1988, in: Archiv für Kulturgeschichte 73 (1991), 233–238.
12. G. VALDITARA, Studi sul magister populi, Mailand 1989, in: Labeo 38 (1992), 78–89.
13. Appian von Alexandria, Römische Geschichte I, Stuttgart 1987, in: Archiv für Kulturgeschichte 74 (1992), 227 f.

14. G. BINDER (Hg.), Saeculum Augustum II, Darmstadt 1988, in: Historische Zeitschrift 255 (1992), 165–167.
15. R.A. BAUSLAUGH, The Concept of Neutrality in Classical Greece, Berkeley 1991, in: Gnomon 65 (1993), 611–614.
16. Th. SCHÄFER, Imperii Insignia, Mainz 1989, in: Historische Zeitschrift 257 (1993), 456 f.
17. P. OLIVA, Solon, Konstanz 1988, in: Archiv für Kulturgeschichte 75 (1993), 221 f.
18. P. DEMONT, La cité grecque archaïque et classique et l'idéal de tranquillité, Paris 1989, in: Historische Zeitschrift 258 (1994), 147 f.
19. W. WILL, Julius Caesar, Stuttgart/Berlin/Köln 1992, in: Historische Zeitschrift 260 (1995), 178 f.
20. Ch.D. HAMILTON, Agesilaus and the Failure of Spartan Hegemony, Ithaca 1991, in: Gnomon 67 (1995), 229–233.
21. H. BEHR, Die Selbstdarstellung Sullas, Frankfurt a.M. u. a. 1993, in: Zeitschrift der Savigny-Stiftung für Rechtsgeschichte (Rom. Abt.) 112 (1995), 535–538,
22. Ph.-S.G. FREBER, Der hellenistische Osten und das Illyricum unter Caesar, Stuttgart 1993, in: Bonner Jahrbücher 195 (1995), 682–685.
23. K. CHRIST, Caesar, München 1994, in: Historische Zeitschrift 263 (1996), 444–446.
24. I. WORTHINGTON (Hg.), Ventures into Greek History, Oxford 1994, in: Klio 79 (1997), 224 f.
25. U. GOTTER, Der Diktator ist tot!, Stuttgart 1996, in: Historische Zeitschrift 266 (1998), 162 f.
26. F. HURLET, La dictature de Sylla, Brüssel u. a. 1993, in: Gnomon 70 (1998), 686–690.
27. E.M. HARRIS, Aeschines and Athenian Politics, New York u. a. 1995, in: Klio 81 (1999), 244 f.
28. M. GOODMAN (unter Mitarb. v. J. SHERWOOD), The Roman World 44 BC - AD 180, London u. a. 1997, in: Historische Zeitschrift 269 (1999), 158 f.
29. H. WASSMANN, Ciceros Widerstand gegen Caesars Tyrannis, Bonn 1996, in: Historische Zeitschrift 269 (1999), 458 f.
30. H. BECK, Polis und Koinon, Stuttgart 1997, in: Gymnasium 106 (1999), 548–550.

31. J. DILLERY, Xenophon and the History of His Times, London u. a. 1995, in: Gnomon 72 (2000), 36–40.
32. R. ÉTIENNE, Jules César, Paris 1997, in: Historische Zeitschrift 271 (2000), 158–160.
33. K.-W. WELWEI, Das klassische Athen, Darmstadt 1999, in: Historische Zeitschrift 272 (2001), 149–151.
34. P. DONIÉ, Untersuchungen zum Caesarbild der römischen Kaiserzeit, Hamburg 1996, in: Klio 85 (2003), 241–243.
35. G. LASER, *Populo et scaenae serviendum est,* Trier 1997, in: Gnomon 75 (2003), 425–429.
36. F. MILLAR, The Roman Republic in Political Thought, Hanover, New Hampshire 2002, in: Historische Zeitschrift 278 (2004), 153–155.
37. R. STOLLE, Ambitus et Invidia, Frankfurt a.M. u. a. 1999, in: Klio 86 (2004), 487 f.
38. K. BRINGMANN/Th. SCHÄFER, Augustus und die Begründung des römischen Kaisertums, Berlin 2002, in: Klio 87 (2005), 530 f.
39. G. CAWKWELL, The Greek Wars, Oxford 2005, in: Historische Zeitschrift 284 (2007), 155 f.
40. W. DAHLHEIM, Julius Caesar, Paderborn u. a. 2005, in: Historische Zeitschrift 284 (2007), 159 f.
41. T. ITGENSHORST, Tota illa pompa, Göttingen 2006, in: Historische Zeitschrift 284 (2007), 426 f.
42. E. DENCH, Romulus' Asylum, Oxford u. a. 2005, in: Gnomon 80 (2008), 236–239.
43. F. SANTANGELO, Sulla, the Elites and the Empire, Leiden u. a. 2007, in: sehepunkte 10 (2009) [http://www.sehepunkte.de/2009/10/14413.html].
44. J. OSGOOD, Caesar's Legacy, Cambridge u. a. 2006, in: International Journal of the Classical Tradition 17 (2010), 124–128.
45. C. WENDT, Sine fine, Berlin 2006, in: H-Soz-u-Kult, 25.10.2010 [http://hsozkult.geschichte.hu-berlin.de/rezensionen/2010-4-058].
46. B. WOYTEK, Arma et Nummi, Wien 2003, in: Tyche 25 (2010), 295-299.
47. J. BUCKLER/H. BECK, Central Greece and the Politics of Power in the Fourth Century BC, Cambridge 2008, in: Gnomon 85 (2013), 468–470.
48. G.K. GOLDEN, Crisis Management during the Roman Republic, Cambridge u. a. 2013, in: Gnomon 88 (2016), 226–230.

49. M. SCHAUER, Der Gallische Krieg, München 2016, in: Athenaeum [im Druck].

VI. CD / DVD

1. Caesar, Hörbuch: Berg am Starnberger See 2007.
2. Julius Caesar und das Ende der römischen Republik, Uni auditorium, DVD- und CD-Ausgabe: Grünwald 2010.

Preisträger des Karl-Christ-Preises

2013	Wilfried Nippel
2015	Mischa Meier
2017	Elke Stein-Hölkeskamp und Karl-Joachim Hölkeskamp
2019	Martin Jehne